Barbara Arzmüller

Tempel der Seele

Spirituelles Wohlbefinden

Bitte fordern Sie unser kostenloses Verlagsverzeichnis an:

Smaragd Verlag
In der Steubach 1
57614 Woldert (Ww.)
Tel.: 02684.978808
Fax: 02684.978805
E-Mail: info@smaragd-verlag.de
www.smaragd-verlag.de

Oder besuchen Sie uns im Internet unter der obigen Adresse.

© Smaragd Verlag, 57614 Woldert (Ww.)
Deutsche Erstausgabe Januar 2008
Fotos Cover:
© matttilda - Fotolia.com
Umschlaggestaltung: preData
Satz: preData
Printed in Czech Republic
ISBN 978-3-938489-54-3

Barbara Arzmüller

Tempel der Seele

Spirituelles Wohlbefinden

Smaragd Verlag

Über die Autorin

 Barbara Arzmüller, Jahrgang 1960, ist Dipl.Ing.-Innenarchitektin. Spezialisiert hat sie sich auf energetische Reinigung und Harmonisierung von Räumen, die Arbeit mit Symbolen, die Anfertigung von Talismanen sowie die Astrologie.

Ferner ist sie Astrologin beim Astro-Kolleg Allgeier & Noé und Chefredakteurin bei der astrologischen Monatszeitschrift STERNBILD.

www.stern-im-raum.de

Inhalt

Einführung

Die meisten Menschen schätzen im Grunde ihr Zuhause. Sie haben sich ihre Wohnung schließlich ausgesucht und sind stolz darauf. Auf die Lage, auf den Zuschnitt, auf ihre Einrichtung und Gestaltung. Irgendetwas Schönes, etwas Besonderes hat jede Wohnung, jedes Haus zu bieten. Nur mit manchen Kleinigkeiten kommen die Bewohner eben nicht klar. So stören sie beispielsweise die niedrigen Zimmerdecken. Oder sie mögen ihren Eingangsbereich nicht und sind immer froh, wenn sie endlich in der Wohnung sind. Oder sie benutzen ihre Sitzecke im Wohnzimmer nicht, sitzen lieber in der Küche. Oder sie schlafen schlecht, viel schlechter als vor dem Umzug. Oder sie kochen nicht mehr so gerne wie noch in der alten Wohnung. Oder ihre Kinder können sich bei den Hausaufgaben nicht konzentrieren. Bei genauerem Nachfragen kommen damit auch andere Probleme hoch. Zum Beispiel, dass es mit der Partnerschaft seit dem Einzug nicht mehr so recht klappt und es viele Reibungspunkte gibt. Oder dass sie ständig müde sind, weder Lust haben auszugehen noch zu Hause etwas zu tun. Oder, oder, oder.

All das sind keine Gründe um deshalb gleich das Leben auf den Kopf zu stellen, wieder umzuziehen oder gar auszuwandern. Aber schon ein Punkt davon ist Grund genug, in der vorhandenen Wohnung etwas zu verändern.

Da die Problematik häufig an einem Raum festgemacht werden kann, ist dieses Buch auch nach einzelnen Räumen unterteilt. Somit können Sie dieses Buch wie ein Nachschlagewerk benutzen. Oder Sie lesen sich genussvoll durch alle Zimmer und greifen hier und da einen Rat auf. Die Ratschläge in den Kapiteln „Hausreinigung" und „Praxistipps" stellen dabei die Grundlage für die Wirksamkeit aller Anwendungen dar. Es geht hier im Wesentlichen darum, den Energiefluss im Haus zu aktivieren. Das ist wie beim Körper: Wenn der Energiefluss blockiert ist, geht gar nichts. Dann haben die besten Medikamente keine Chance, und die ausgefeiltesten Kuranwendungen sind vergebens.

Nun ist jeder Mensch ein wenig anders veranlagt. Der eine liebt glitzernde Edelsteine, der andere bevorzugt ein Räucher-Ritual, der dritte gedeiht in Gegenwart von Pflanzen prächtig. Meist hat man zu einer bestimmten Zeit eine Vorliebe für ein Element, ein paar Monate später kann es sein, dass man mit der gleichen Begeisterung Duftöle verwendet oder Klänge fabriziert. Oft wird auch erst durch kombinierte Anwendung eine Verbesserung erzielt. Suchen Sie sich aus den Vorschlägen den passenden für sich aus! Sie brauchen keineswegs alle Pflanzen, Öle, Steine usw. zu verwenden – nehmen Sie, was Ihnen am leuchtendsten erscheint, was Sie am meisten anspricht und was für Sie einfach umzusetzen ist. Denn die Neugestaltung und Energetisierung Ihrer Wohnung sollte kein weiterer Stress werden. Davon haben Sie bestimmt schon

genug. Es soll Sie heiter stimmen und Ihr Leben verein-
fachen. Sie brauchen dadurch weder Ihren Einrichtungs-
stil noch Ihre Persönlichkeit zu verändern oder sich gar
finanziell zu verausgaben. Die meisten Stoffe und Mittel
sind günstig zu beschaffen oder sogar von der Natur als
Geschenk zu bekommen. Vertrauen Sie Ihrer Kraft: Sie
werden das Richtige für sich finden!

Es ist Zeit, etwas zu tun

„Die größte Entscheidung deines Lebens liegt darin,
dass du dein Leben ändern kannst,
indem du deine Geisteshaltung änderst."
(Albert Schweitzer)

In manchen Phasen des Lebens läuft alles wie in Butter, die Tage reihen sich wie Perlen aneinander, es gibt keinen Grund zu klagen. Dann scheint wieder wochen- oder gar monatelang gar nichts zu klappen. Alles wird mühsam, jedes noch so einfache Vorhaben wird zu einer kraft- und zeitraubenden Aktion. Manche dieser Hindernisläufe dauern Jahre. Irgendwann aber ist es so weit, dass man innerlich mit der Faust auf den Tisch schlägt und sich sagt: „Jetzt ist es genug! Jetzt ändere ich etwas!" Haben Sie das schon erlebt? Dass Sie bis an Ihre Grenzen getrieben wurden und schließlich nicht mehr anders konnten, als sich mit einer Hauruckaktion daraus zu befreien? Wenn Sie gerade so weit sind – trauen Sie sich! Sie müssen auch nicht damit warten, bis Sie nicht mehr anders können, es reicht, wenn sich eine gewisse Energiemenge aufgebaut hat, die Ihnen genug Atem lässt, Ihr Werk zu beginnen. Haben Sie erst einmal mit den Veränderungen angefangen, fließt Ihnen aus dem Tun heraus immer neue und nährende Energie zu, die Ihnen hilft, Ihr Vorhaben durchzuhalten.

Im Nachhinein werden Sie feststellen, wie einfach, überschaubar und schön Ihr Leben wieder geworden ist. Vielleicht machen Sie sich dann Vorwürfe und denken, Sie hätten das schon längst haben können. Machen Sie sich nicht nieder! Denn auch der Entschluss, etwas zu verändern, braucht seine Reifezeit. Und wenn es wirklich eine übermäßig lange Zeit gedauert haben sollte, bis Sie so weit waren – hadern Sie nicht mit sich, freuen Sie sich vielmehr, dass Sie es schließlich doch geschafft haben.

Unzufriedenheit ist zwar ein Gefühl, das keiner gerne mag, aber es ist notwendig. Sonst würden wir ja nie einen Grund haben, etwas anders zu machen als bisher. Seien Sie daher nicht wütend, wenn Sie das nächste Mal feststellen, dass Sie mit einer Situation unzufrieden sind. Nehmen Sie es als wertvollen Hinweis, der Sie in Ihrer Suche nach Verbesserungen unterstützen will. Nicht immer werden Sie gleich eine Lösung finden. Dennoch wird der Wunsch da sein, etwas tun zu wollen. Und das können Sie! Denn im Prinzip spielt es keine Rolle, ob Sie die Veränderung in Ihrem Inneren oder in Ihrer äußeren Umgebung beginnen lassen. Wenn Sie an die alten Weisheiten „Wie oben, so unten" und „Wie innen, so außen" denken, dann wissen Sie, dass das eine das andere mit sich zieht. Ihr äußeres Umfeld ist ein Spiegelbild Ihres inneren Zustandes. Immer!

Gerade das wollen viele Menschen aber nicht wahrhaben. Sie leben in einem Umfeld, das sie als äußerst unbefriedigend empfinden. Ihrer Meinung nach haben daran aber andere Schuld: Der verständnislose und egoistische Partner, die Eltern mit ihrer schlechten Erziehung, die aggressiven und saugenden Kinder, die nörgelnden Nachbarn, der schlechte oder nicht vorhandene Arbeitsplatz, das fehlende Geld, die ruinierte Gesundheit. Sie irren sich. Die Schuld, besser die Verantwortung, liegt bei jedem selbst. Jeder bekommt das, was er ausstrahlt. Das ist so schwer zu begreifen, wenn man das Gefühl hat, in einer Misere zu sitzen, an der alle anderen basteln. Trotzdem: Hören Sie auf, sich als Opfer der Umstände zu sehen und nehmen Sie die Gestaltung Ihres Lebens in die Hand!

Dazu müssen Sie sich weder scheiden lassen, noch Ihren Eltern den Kontakt aufkündigen oder Ihre Kinder vor die Tür setzen. Sie brauchen nicht einmal umzuziehen und auch nicht zu kündigen. Sollten Entwicklungen in dieser Richtung notwendig werden, ergeben diese sich von selbst. Machen Sie keinen Rundumschlag, der mit Gewalt, Ärger und Leid verbunden ist. Fangen Sie ganz einfach an, Ihre Umgebung aufmerksam zu betrachten und sie schrittweise zu verändern. Setzen Sie sich dabei nicht unter Druck. Die Welt wurde auch nicht an einem Tag erschaffen. Geben Sie sich Zeit, all Ihre Ideen in die Tat umzusetzen und dann das Neue zu verarbeiten. Haben Sie Vertrauen in Ihr Werk, und Sie werden sehen, wie sich Ihr Leben nach und nach zum Besseren wendet.

Ihre Umgebung spiegelt Ihr Inneres

Rufen Sie sich immer wieder diesen Satz ins Gedächtnis: „Wie innen, so außen". Dieser Satz gilt nämlich umgekehrt genauso: „Wie außen, so innen". Hier können Sie ansetzen. Indem Sie in Ihrer Umgebung Zeichen setzen und sie neu ordnen, bringen Sie eine Veränderung Ihres Lebens in Gang. Der Weg dazu ist gar nicht so schwer:

Analysieren Sie Ihr Zuhause genau! Gehen Sie zur Tür hinein, als würden Sie Ihr Heim zum ersten Mal betreten. Schauen Sie, was Ihnen auffällt. Lassen Sie jede Ecke auf sich wirken, betrachten Sie jeden Winkel. Öffnen Sie auch die Schränke und Truhen. Quellen sie über mit alten, ungeliebten Erinnerungen? Mit Dingen, die Sie für schwere Zeiten aufbewahren wollten? Gehen Sie auch in den Keller und auf den Speicher. Der Keller symbolisiert das Unterbewusstsein, dort liegt bestimmt so manches zwischen Spinnweben vergraben, dem Sie gerade nicht in die Augen schauen wollen. Der Speicher unter dem Dach hingegen steht für die Zukunftspläne. Gehen die in Staub und Altlasten unter?

Schaffen Sie sich Platz für Ihr neues Leben! Mit jedem Handgriff, den Sie in der Gegenwart tun, gestalten Sie Ihre Zukunft.

Der Punkt dabei ist: Sie müssen die Zusammenhänge nicht kennen, um eine Wirkung zu erzielen. Das heißt, Sie brauchen gar nicht zu wissen, wo der eigentliche Knackpunkt Ihrer Unzufriedenheit ist, wo die Ursache dafür liegt. Das herauszufinden wäre eine schwierige Analyse. Selbst wenn es vordergründig auf der Hand liegt, dass es „natürlich" der liederliche Partner ist, der das Unbehagen verursacht. Vielleicht geht es ihm ja auch nicht gut, und er „reagiert" auch nur auf die von Ihnen beiden geschaffene Umwelt, auf das Missverhältnis bestimmter Abläufe. Vielleicht liegt der wahre Grund für Ihre Unzufriedenheit aber woanders, und der Partner wurde fälschlicherweise zum Sündenbock ernannt.

Konzentrieren Sie sich nicht auf die anderen, sondern nur auf das, was Sie tun können. Und das ist viel! Fangen Sie einfach an, Ihre Umgebung Stück für Stück in Ordnung zu bringen. Diese Veränderungen in Ihrem äußeren Umfeld werden automatisch auch innere Belastungen zum Vorschein bringen und, das ist das Wichtigste, sie werden sie bereinigen. Zeigen Sie, dass Sie in Ihrem Inneren Ordnung haben möchten, indem Sie Ihre Umgebung in Ordnung bringen. Wobei mit „Ordnung" ganz sicher keine sterile, langweilige, unbelebte Atmosphäre gemeint ist. Ordnung bedeutet, es ist richtig so, wie es ist. Dass Ihre Umgebung Frieden und Freundlichkeit ausstrahlt und Sie sich hier auf Anhieb wohlfühlen und Ihre Seele anfängt zu jubeln. Gehen Sie Schritt für Schritt vor. Fangen Sie mit der Hausreinigung, dem Raumklären an, und nehmen Sie sich dann einen Raum nach dem anderen vor. Nicht das ganze Haus auf einmal.

Suchen Sie auch keine Ausreden, wie etwa, die anderen Familienmitglieder seien dagegen. Mit Ihren Hausgenossen müssen Sie gar nicht sprechen, wenn Sie davon ausgehen, von ihnen nicht verstanden zu werden. Es handelt sich durchweg um Veränderungen, die nicht sofort ins Auge fallen. Die Wirkung ist viel subtiler, sie richtet sich direkt auf das Unterbewusstsein. Ihre Lieben beziehungsweise die übrigen Hausbewohner werden die kleinen Symbole als reine Dekoration wahrnehmen, wenn überhaupt. Sie wissen nicht, dass damit eine zusätzliche Bedeutung verknüpft ist. Sollen Sie doch! Im Laufe der Zeit werden sie auf die Veränderungen und die dadurch langsam ansteigende Harmonie reagieren. Und wenn sie offener geworden sind, können Sie immer noch das ansprechen, was Sie gerade tun.

Erst einmal aber gilt: Sie brauchen für Ihr Vorhaben keine Verbündeten! Sie können es ganz alleine machen. Sie haben dazu die Kraft und alle Möglichkeiten. Und wenn Sie nur mit einem ganz kleinen Bereich beginnen, der Ihnen alleine gehört. Zumindest ein Fach in einem Schrank wird das sein, vielleicht eine Kommode, eine Ecke in einem Raum oder ein ganzes Zimmer. Dann fangen Sie damit an. Dadurch wächst Ihre persönliche Kraft, Ihr Vertrauen in sich selbst. Mit diesem Zuwachs an Energie nehmen Sie sich den nächsten Bereich vor, vielleicht den Eingang, der ja für das gesamte Leben von großer Bedeutung ist. Schließlich gestalten Sie nach und nach, ganz wie es Ihre Zeit zulässt, Ihr Zuhause um. Genießen Sie die Wirkung und freuen Sie sich über die Lebensfreude und Kraft, die Sie dann immer mehr zur Verfügung haben werden. Von dieser Energie ist genug für alle da, an diesem Quell dürfen Sie zapfen, er wird nie versiegen. Den Zugang dazu können Sie herstellen.

Symbole – sie eröffnen uns eine reiche Welt

Die meisten Menschen lieben Symbole und sie sind auch wirklich etwas Wunderbares. Mit Symbolen können wir uns mit bestimmten Energien umgeben, an die sonst ein Herankommen schwer wäre.

Ein Beispiel: Sie haben bei sich beobachtet, dass Ihnen Felsen Stabilität geben. Es tut Ihnen einfach gut, in Ihrer Umgebung Steine zu sehen, Sie fühlen sich dann sicher und geerdet. Gerade beim Nachhausekommen ist Ihnen das wichtig, um sich von den vielfältigen und oft beunruhigenden Eindrücken des Tages zu lösen, aber auch beim Verlassen des Hauses, um sich besser auf das konzentrieren zu können, was Sie vorhaben. Nun können oder wollen Sie aber nicht Ihr ganzes Leben umkrempeln und ins Hochgebirge ziehen – Steine und Felsen hätten Sie dann ja zu Genüge um sich herum.

So nutzen Sie die Symbolkraft: Sie legen einen großen Stein neben Ihre Tür oder eine Ansammlung kleiner Steine auf ein Sims daneben. Ist dies im gemeinschaftlichen Flur nicht zulässig, tut es auch das Abbild eines Steins oder Felsengebirges – ein Poster oder eine kleine Karte, die bei Ihrem Namensschild befestigt ist. Darf auch dies nicht sein, verlegen Sie die Steine eben nach innen in Ihre Wohnung. Aufzugeben brauchen Sie Ihr Vorhaben jedenfalls nicht.

Die Steine beziehungsweise das Bild der Steine unterstützen Sie in Ihrem Wunsch nach Stabilität und Festigkeit und, glauben Sie mir, sie wirken!

Ein anderes Beispiel:

Sie sind oft müde, haben wenig Antriebskraft. Der verlockendste Platz in Ihrer Wohnung ist das Sofa und zu allen Tätigkeiten, auch zu Ihrer Arbeit, müssen Sie sich mühsam aufraffen. Bei einem Angelurlaub an einem Fluss haben Sie festgestellt, dass Ihnen der Anblick von Wasser gut tut und Sie das ruhige und beständige Fließen dieses Stromes als anregend empfunden haben und Sie das Wasser förmlich mitreißt. Es war gar nicht mehr so viel eigener Krafteinsatz notwendig. Nun könnten Sie natürlich umziehen und sich ein Haus am Fluss suchen. Oder sich auch hier wieder mit Symbolen behelfen: Ein plätschernder Brunnen vor dem Haus, eine Schale mit stets frischem Wasser oder das Bild eines Flusses erleichtern Ihnen in Zukunft ebenfalls Ihre Aktivitäten.

Und noch ein Beispiel:

Sie empfinden Ihren Nachbarn als sehr aggressiv und fühlen sich ständig von ihm gestört. Gespräche mit ihm sind ergebnislos verlaufen. Sie leiden unter dem Dauerstreit, wollen aber nicht schon wieder umziehen, denn Ihre Wohnung gefällt Ihnen sonst sehr gut. Erinnern Sie sich daran, dass man Energien zurückschicken kann, indem man sie spiegelt. Stellen Sie sich einen Spiegel vor, den Sie zwischen sich und dem Nachbarn aufstellen, mit der Spiegelfläche zum Nachbarn. Was immer er an Sie aussendet, prallt am Spiegel ab und kommt prompt auf ihn zurück. Sie werden davon gar nicht erst erreicht. Durch einen echten Spiegel, den Sie vor dem Haus oder am Fenster in Richtung des Störenfrieds aufstellen, können Sie die Wirkung Ihrer Vorstellungskraft noch verstärken.

Trotzdem, wer die Wahl hat, sollte immer die direkte Methode nehmen. Das heißt, die ursprünglichen Qualitäten wählen, die zuständigen Leute fragen, miteinander reden. Davor sollte man sich nicht drücken. Denn immer gilt: Je direkter das Mittel, desto direkter ist auch die Wirkung. Wer sich hinter Symbolen versteckt, aus Bequemlichkeit oder aus Angst die Dinge beim Namen zu nennen, wird wenig Erfolg haben. Wenn es etwas zu tun oder zu sagen gibt, dann sollte das getan und gesagt werden.

Allerdings können Sie sich von Symbolen wunderbar in Ihren Vorhaben unterstützen lassen. Das haben die Menschen schon sehr früh in ihrer Entwicklung entdeckt und sich mit den Symbolen eine reiche Welt erschlossen. Es sind aber meist nicht die Dinge selbst, die wirken. Es ist die geistige Kraft, die hinter dem Vorgang steht.

Sich mit Symbolen zu beschäftigen macht zum einen einfach nur Spaß, zum anderen wird dadurch die Erfahrungswelt vielfältiger und bunter. Man schränkt sich nicht mehr ein, indem man sich damit abfindet, bestimmte Dinge leider nicht zur Verfügung zu haben. Man lässt mehr zu, erweitert seine Welt und wird kreativ.

Die Hausreinigung –
das Fundament der Energiearbeit

„Wenn zehn Dinge getan werden müssen,
aber nur Zeit für sechs ist,
wählt der weise Mensch die richtigen sechs aus
und macht sich keine Sorgen über die vier,
auf die er verzichten musste."
(Dalai Lama)

Das mit der Ordnung ist so eine Sache. Der eine kann es nicht ertragen, wenn nur ein Bleistift schräg auf dem Tisch liegt, der andere behauptet, sich in einem Berg von Altwäsche und durcheinander geworfenen Zeitschriften noch wohlzufühlen. Kennen Sie auch die endlosen Diskussionen zwischen Ordnungsfanatikern und Anhängern des kreativen Chaos? Überzeugen lässt sich kaum einer vom anderen. Eine ordentliche, aufgeräumte Umgebung vermittelt für den einen Frieden und Ruhe, wirkt aber auf den anderen steril und langweilig. Eine chaotische Burg, in der alles durcheinander liegt, bietet für den einen das rechte Feld, um kreativ zu werden, zerrüttet aber die Nerven des anderen.

Wer hat wohl Recht? Keiner und beide – es spielt nämlich wirklich keine Rolle, wie die anderen Ihr Zuhause sehen. Nur Sie selbst müssen sich darin wohlfühlen. Tun Sie das nicht, sollten Sie etwas ändern. Aber nur dann!

Eine eindeutige Grenze zur Pedanterie beziehungsweise zum Messie gibt es nicht, das gesunde Maß liegt zwischen den Extremen. Entscheidend ist, wie gesagt, das persönliche Sich-Wohlfühlen. Das hat auch nichts mit der Anti-Haltung zu tun, die manche Menschen an den Tag legen. Gerade weil man ihnen immer wieder Ordnung gepredigt hat, legen sie Wert auf ihr Chaos, das sie als wunderbar anregend bezeichnen. Ob sie sich darin wirklich geborgen fühlen? Ob sie darin entspannen können? Oder kommt doch heimlich der Gedanke auf: „Oh je, darum müsste ich mich auch einmal kümmern"? Und die anderen, die so exakt alles wegräumen, fühlen sie sich nicht manchmal wie im Ausstellungsraum eines Möbelhauses? Merken sie nicht tief in ihrem Inneren, dass ihre Umgebung unbelebt und kalt wirkt, und ahnen sie vielleicht doch, es könnte etwas mit ihnen selbst zu tun haben?

Wirkliches Sich-Wohlfühlen bedeutet: Hereinkommen, alle Belastung fällt ab, sich fast schlagartig entspannen können, lächeln, aufleben, das Leben schön finden.

Nun ist es noch relativ leicht, sein eigenes System von Ordnung zu verwirklichen, wenn man alleine wohnt. Nur dann kann man komplett selbst bestimmen, wie man seine Umgebung gerne hätte. Schon zwei Personen im selben Haushalt können sich einen regelrechten Kleinkrieg liefern, was Ordnung und Sauberkeit anbelangt. In vielen Familien gehören solche Diskussion zur täglichen und nervigen Routine. Die Vorstellungen driften oft weit auseinander. Sind sie gar nicht unter einen Hut zu bekommen, hilft es, jedem Familienmitglied ein eigenes Zimmer zur Verfügung zu stellen. Das gilt auch für Paare mit völlig unterschiedlichen Geschmäckern. Auch ihnen tut es dann gut, statt des herkömmlichen gemeinsamen Wohn- und Schlafzimmers jeweils ein eigenes Zimmer zu haben. Darf man seinen Stil in einem Raum komplett selbst ausleben, ist man eher bereit, in den Gemeinschaftsräumen Kompromisse einzugehen. Hier ist es einfach notwendig, sich in der Mitte der Vorstellungen der einzelnen Bewohner zu treffen. Ein Kompromiss muss dabei nicht zwangsläufig faul sein. Im Gegenteil, er kann zeigen, dass alle bereit sind, aufeinander zuzugehen und wirklich ein gemeinsames Leben unter einem Dach wünschen. Und ein Stilmix, der aus diesen verschiedenen Einflüssen entsteht, kann durchaus reizvoll sein.

Zuerst will die Materie gereinigt werden

Wenn Sie die erste Bestandsaufnahme hinter sich haben, können Sie sofort zum praktischen Teil übergehen. Ob Sie jetzt begeistert sind? Nicht alle vermutlich. Es handelt sich nämlich um die unendlich wichtige Aufgabe, das Haus zu reinigen. Ja, wirklich saubermachen. Putzen. Für viele Menschen eine ungeliebte Tätigkeit. Ungeliebt deshalb, weil man für diese Art von Arbeit wenig oder keine Anerkennung erntet. Hat man nicht einen Beruf daraus gemacht, gibt es auch kein Geld dafür. Wer nur eben seinen eigenen Haushalt in Ordnung hält, muss das schlichtweg nebenbei machen. Zusätzlich zu seiner eigentlichen Arbeit, in der kostbaren Freizeit eben. Und dann wissen es manche Familienmitglieder nicht einmal zu schätzen. Sie achten nicht auf schmutziges Schuhwerk, benutzen alles selbstverständlich, lassen ihre Sachen einfach stehen und liegen und treten das eigene Werk von Ordnung und Sauberkeit buchstäblich mit Füßen. Macht man sie darauf aufmerksam, fragen sie vielleicht noch entnervt, ob sie sich denn jede Woche für das Staubsaugen bedanken sollten. Ja, warum eigentlich nicht? Mit etwas Anerkennung der Leistung wäre vieles einfacher.

Aber machen Sie sich nichts daraus. Denken Sie an die Mönche des Zen-Buddhismus: Hier gelten die alltäglich zu machenden Arbeiten wie Aufräumen, Kehren, Kochen, Spülen und Putzen als wichtige und anerkannte Tätigkeiten. Denn diese Arbeiten sind die tragenden Stützen einer Gemeinschaft. Werden sie nicht gemacht, bricht das

System schnell zusammen, Chaos breitet sich aus. Werden Sie sich des Wertes dieser Arbeiten bewusst und lassen Sie das Gesellschaftsdenken beiseite. Es spielt keine Rolle, wie weit Ihre Umgebung in der Beurteilung solcher Tätigkeiten ist. Verinnerlichen Sie erst einmal nur für sich selbst, dass solche Tätigkeiten einen wichtigen Stellenwert haben. Wenn Sie Ihre Arbeit selbst wertschätzen, werden es auch die anderen nach und nach tun. Es ist der erste Schritt, den Sie tun können, um dieses Wissen zu verbreiten. Fangen Sie selbst an umzudenken. Der angenehme Nebeneffekt: Sie haben wieder viel mehr Freude an der Hausarbeit!

Auch hier spielt übrigens wieder mit: „Wie innen, so außen". Denn wenn Sie selbst das Putzen lästig finden, das Aufräumen als verlorene Zeit ansehen, in der Sie viel lieber Computerspiele gemacht hätten, mit Freunden im Café gesessen, ferngesehen oder gelesen hätten oder Sport getrieben, dann brauchen Sie sich nicht zu wundern, wenn die anderen Ihre Leistung ebenfalls nicht würdigen. Was bei den anderen ankommt ist: „Putzen ist doof". Das wird Ihnen allzu deutlich widergespiegelt. Strahlen Sie von jetzt an aus: „Putzen ist wichtig", und machen Sie sich mit Freude und Lust ans Werk!

Nach der Putzaktion geht es auch gleich an die energetische Reinigung. Drehen Sie aber bitte den Spieß nicht um. Auch wenn Sie es um Längen attraktiver finden, geheimnisvoll mit Räucherschale und Glöckchen durchs

Haus zu wandern, als schnöde mit Staubwedel und Putz-
eimer. Klar können Sie sich mutig dafür entscheiden, dass
Sie Aufräumen, Reinigen und Putzen nun mal nicht leiden
mögen und gleich mit der energetischen Reinigung beginnen. Nur schade, dass es kaum etwas nutzen wird. Die
Energien im Haus werden im Großen und Ganzen die alten bleiben – derselbe Streit, Unmut und Ärger wie gehabt,
die gleiche Ungeduld wie bisher. Vergebliche Mühe!

Nehmen Sie sich also erst einmal Zeit zum gründli-
chen Putzen: Räumen Sie herumliegende Gegenstände
auf, saugen und wischen Sie Staub, putzen Sie die Bö-
den, vielleicht sogar die Fenster. Die Schränke auszumis-
ten können Sie ja nach und nach in Ihren Alltag einbauen.
Machen Sie sich dafür ruhig einen Zeitplan.

Damit diese Vorarbeiten mehr Spaß machen, rufen Sie
sich immer wieder in Erinnerung, dass es etwas Besonderes ist, das Haus als eine Stätte von Frieden, Glück und
Harmonie zu bewahren. Dazu gehört nun mal in erster Linie die sichtbare Ordnung. Untrennbar damit verbunden ist
aber der energetische Aufbau. Denn eine Umgebung, die
zwar sauber und ordentlich ist, aber ohne diese energetische Aufladung, wirkt immer ein bisschen kalt und leer.

Das ist es auch, was viele unbewusst am Putzen nicht
mögen. Sie empfinden es, als ginge etwas von der eigenen, der „bewohnten" Energie verloren, zurück bleibt Ste-
rilität. Das spüren sie ganz richtig, denn beim Putzen werden tatsächlich auch die Energieabdrücke weggewischt,
nicht nur der sichtbare Schmutz. Da sie nun nicht wissen,
wie sie diese Energie wieder aufbauen können, bleiben

sie lieber in ihrer Unordnung. Selbst wenn sie dann auch die eigentlich ungeliebten Kräfte mit ertragen müssen, wie die negativen Gedanken und Gefühle, die natürlich auch im Raum herumschwirren. Manche Menschen haben dennoch ein Gespür dafür, was sie tun können, um die Umgebung wieder aufzuladen. Auch ohne etwas über die tieferen Zusammenhänge zu wissen, stellen sie, einfach aus einem Gefühl heraus, einen Strauß Blumen auf den Tisch oder legen Musik auf. Schon haben sie intuitiv zwei wichtige energetische Mittel angewandt: Die Kraft von Pflanzen und von Klängen. Trauen Sie Ihren Einfällen, denn wir alle tragen dieses Wissen in uns! Es ist alt, es ist in unser aller Gedächtnis verankert. Wir brauchen es nicht einmal neu zu erlernen, wir müssen nur unsere Erinnerung wecken. Mag einiges von dem Wissen verlorengegangen sein oder nur noch unter der Hand weitergegeben – in unserer Zeit werden verschlossene Türen geöffnet, altes Wissen wird ausgegraben und allen Menschen zugänglich gemacht.

Die energetische Reinigung macht Spaß

Die energetische Hausreinigung können Sie sich zur lieben Gewohnheit machen. Damit ist es im Grunde nicht anders wie mit dem Putzen auch: Es ist immer wieder nötig. Am besten regelmäßig! Das wöchentliche Staubsaugen haben die meisten Menschen bereits in ihren Alltagsrhythmus mit eingeplant. Automatisch finden sie an bestimmten Tagen der Woche Zeit, sich um die Sauberkeit ihrer Wohnung zu kümmern. Warum nicht auch das Raumklären? Vielleicht ist es nur eine Frage der Gewohnheit, dass man nicht wartet bis Weihnachten, Neujahr oder Ostern, um seiner Umgebung solche Besonderheiten zu gönnen. Wer erst einmal damit angefangen hat, mag bald nicht mehr davon lassen. Sie werden die Wirkung spüren, das Haus fühlt sich einfach wunderbar an – schließlich wird es nicht umsonst die „Dritte Haut" genannt. Die erste Haut ist die eigene. Mit der zweiten Haut ist unsere Kleidung gemeint. Sowohl unseren Körper als auch unsere Kleidung hegen und pflegen wir ganz selbstverständlich. Das ist sogar bei Menschen so, die ihrer Umgebung betont wenig Aufmerksamkeit schenken. Es heißt also, ein wenig aus sich herauszugehen, seinen persönlichen Radius zu erweitern, sich nicht auf zwei „Häute" zu beschränken. Denn gerade wenn wir bei dem Bild bleiben, dass die Umgebung das Spiegelbild des eigenen Inneren ist, dann können wir dieses wunderbar verändern, wenn wir diesem „Spiegelbild" unser Interesse widmen. Es besteht eine ständige Resonanz zu unserem Inneren. Eine energetische Arbeit, die unser Inneres nicht berühren würde, gibt es gar nicht. Das Schöne an dieser Arbeit ist, die Ergebnisse sind sofort sichtbar. Wir fangen mit der Materie an, diese ist anfassbar und daher im wahrsten Sinn des Wortes leicht zu begreifen. Die darauf folgende Energiearbeit können wir in aller Ruhe auf die Psyche wirken lassen.

Gerade wenn Sie Ihre erste Hausreinigung angehen, sollten Sie sich richtig viel Zeit dafür nehmen. Verstärken Sie den Reinigungseffekt Ihrer Umgebung, indem Sie sich auch selbst gründlich reinigen. Nehmen Sie ein Salzbad, am besten am Vorabend, und legen Sie sich die frischen Kleider für den nächsten Morgen bereit. Vielleicht möchten Sie auch ein Gebet sprechen und um Hilfe von „oben" bitten für Ihre kleine Zeremonie, die Sie dann bei Tagesbeginn durchführen.

Haben Sie schon häufiger das tatsächliche Putzen mit der energetischen Reinigung kombiniert, können Sie immer wieder mal eine kleine zusätzliche Energiearbeit einschieben. Lassen Sie sich im normalen Alltag nicht davon abhalten, zwischendurch zu räuchern, Weihwasser zu versprühen oder mit einem Glöckchen durch die Wohnung zu klingeln. Gerade wenn Ihnen die Atmosphäre mal wieder besonders dick erscheint, Sie sich unsicher fühlen, verzagt oder wütend, ist das eine schnelle Hilfe.
Oder nach einem Besuch: Da ist eine Reinigung immer empfehlenswert. Ist der Besuch gegangen, wird ganz selbstverständlich aufgeräumt, die Gläser werden gespült,

die Sofakissen zurechtgeschüttelt, der Tisch wird abgewischt. Die Grundordnung ist damit wiederhergestellt. Wenn Sie jetzt auch noch kurz die Energie ausbalancieren, ist die eigene Oase gänzlich wieder im Lot. Unterschätzen Sie das nicht, denn Menschen, die bei Ihnen ein- und ausgehen, lassen ihre persönlichen Erinnerungen da, ihre „Informationen", eine Art Abdruck ihres Wesens. Das ist an sich nichts Schlimmes, immerhin handelt es sich bei den meisten Besuchern um geladene Gäste, um Freunde oder Nachbarn, die man mag. Deren „Energieabdrücke" wird kaum jemand als belastend empfinden, dennoch sind es fremde Energien und nicht Ihre eigenen. Richtig problematisch wird es aber, wenn Sie Neider im Haus hatten, eifersüchtige Menschen, solche mit bösen Absichten, Lästermäuler oder Menschen, die nur jammern und schimpfen. Deren Energie sollten Sie so schnell wie möglich aus Ihren Räumen entfernen. Ganz sicher wollen Sie sich nicht mit kranker und giftiger Energie anstecken!

Oft sind „die anderen" aber gar nicht schuld an der Misere. Auch ohne Besucher sinkt das Energieniveau im Haus immer wieder ab. Das eigene Hirn, das eigene Herz ist misstrauisch und zweifelnd, schürt Ängste, Wut und Rachepläne und kann sich nicht von den Sorgen des Tages befreien, schafft es einfach nicht abzuschalten.

Unser Zuhause soll schließlich ein Ort der Kraft sein, an dem wir uns mit neuer Energie aufladen, an dem wir Stress abladen, ein Ort, wo wir Freude, Stärke und Vertrauen finden können.

Ganz wichtig ist die Hausreinigung, wenn Sie Ihr Heim neu beziehen. Ist es ein altes Haus, werden hier Menschen nicht nur gelacht und gefeiert haben. Sicher waren sie auch mal krank oder sind vielleicht sogar dort gestorben, sie haben geweint, sich gestritten oder getrennt. Vielleicht haben sie dort schwere Schicksalsschläge erlebt. Selbst wenn das Haus neu gebaut wurde, gab es beim Bau in der Regel eine Menge Stress und Streit. Die alten Dombaumeister ließen übrigens nur Handwerker zu, die gerade keinen Zwist und Streit hatten, um die schädliche Energie nicht ins Gotteshaus mit einzubauen. Auch der Platz, das Grundstück hat eine eigene und sicherlich wechselvolle Geschichte. Das braucht Sie nicht zu ängstigen, denn Schicksale, selbst wenn sie leidvoll sind, gehören nun einmal zum Leben. Aber Sie müssen sich nicht mit fremden Schicksalen beladen. Sie brauchen Ihre Kraft für Ihr eigenes Leben. Durch die erste Reinigung, die Weihe sozusagen, befreien Sie Ihr Zuhause von allen fremden Eindrücken. Jetzt können Sie neu anfangen.

Energetische Reinigung mit Klängen, Salz, Feuer und Wasser

Ein Ritual auszuführen bereitet vielen Menschen eine besondere Freude. Es stärkt das Gefühl, für das eigene Wohlergehen etwas Wichtiges getan zu haben. Probieren Sie es aus, vielleicht finden auch Sie Gefallen daran.

Für die energetische Reinigung gibt es verschiedene Möglichkeiten. Zuallererst steht immer ein gründliches **Lüften** – viele Menschen reißen automatisch die Fenster auf, wenn ihnen alles zu viel wird. Sie spüren förmlich die dicke Luft und wissen, ohne weiter darüber nachzudenken, sie brauchen frischen Wind. Dass die Luft zum Schneiden dick ist, trifft nicht etwa nur dann zu, wenn der Raum schlecht gelüftet ist, es hat oftmals mit der Ausstrahlung der Menschen in diesem Raum zu tun. Vielleicht sind gerade Worte gefallen, die andere verletzt haben, oder es hängen negative Gefühle wie Neid und Eifersucht im Raum.

Diese stehenden Energiefelder können am besten durch **Klänge** aufgelöst werden, denn Klänge reinigen die Atmosphäre. Nicht umsonst haben es sich fast alle Religionen zu eigen gemacht, regelmäßig für das Wohlergehen der Menschen durch einen bestimmten Klang zu sorgen. Unsere Kirchenglocken, die Trommeln in Afrika und im arabischen Raum die Rufe des Muezzins machen es uns vor. Versuchen Sie einmal bewusst, die Atmosphäre auf einem Marktplatz wahrzunehmen, und zwar vor und nach dem Erklingen der Kirchenglocken. Voraussetzung ist, dass es sich um gut aufeinander abgestimmte Glocken handelt (meist in alten Kirchen zu finden). Spüren Sie die Veränderung?

Dieses Prinzip der Raumreinigung durch einen Klang können Sie sich zu Hause ebenfalls zunutze machen. Die schnellste Methode ist, wenn Sie einfach in die Hände *klatschen*. Es hilft garantiert bei leichten Störungen! Der Klang zerstreut unmittelbar festgefügte Energiewolken. Denken Sie nur an ein klassisches Konzert. Alle lauschen wie gebannt, das Werk ist zu Ende, ein Moment der Stille folgt, der Nachhall ist zu spüren, dann zerreißt das Klatschen die Luft, Bewegung kommt in den Saal, die Spannung löst sich.

Oder *rufen* Sie ein lautes „Juhu" oder „Yippee", wenn der anstrengende Besuch endlich gegangen ist. Dieser Jubelruf pflanzt sich durch die ganzen Räume fort, schließlich lässt Sie das fröhliche Juhu alles nicht mehr so ernst nehmen, sie können über das lachen, worüber sie sich eben noch geärgert hatten, und innerlich wieder Frieden mit der (Wahl-)Verwandtschaft schließen. Diese einfachen Fröhlichkeitsrufe funktionieren gut, allerdings nur, wenn keine bitterbösen Auseinandersetzungen vorangingen, sondern es sich lediglich um harmlose Reibungspunkte und ein paar Spitzfindigkeiten oder Eifersüchteleien handelte.

Wollen Sie tiefer sitzende Energien auflösen, dann brauchen Sie auch mehr Kraft. Nehmen Sie eine *Trommel* zu Hilfe! Schlagen Sie sie anfangs etwa im Rhythmus Ihres Herzschlags, werden Sie dann schneller oder langsamer, ganz wie es Ihrem Gefühl entspricht. Nach einiger Zeit werden Sie vielleicht spüren, dass die Trommel nun anders klingt. Genauso ist es, wenn Sie mit einem *Glöckchen* (vielleicht haben Sie noch eines aus der Weihnachtszeit) durch Ihr Haus klingeln. Der Klang wird mit zunehmender Reinigung feiner und klarer.

Auch andere Klänge und Töne eignen sich, um die Energie auszubalancieren: Haben Sie eine *Klangschale* im Haus, so reiben Sie diese ein wenig an und lassen sie ihren Klang im Raum verströmen. Läuten Sie eine Glocke, schlagen Sie *Zimbeln* oder legen Sie eine *CD* auf mit einer Musik, die Sie besonders lieben. *Singen* Sie immer mal wieder ein Lied. Das ist ebenso wie das anfänglich erwähnte Klatschen eine unkomplizierte und unaufdringliche Methode für die tägliche Kleinreinigung zwischendurch. So, wie man sich öfters am Tag die Hände wäscht. Eine große Reinigungszeremonie mit Trommel oder Glocke ist dagegen wie ein Wannenbad, das mit besonderer Vorbereitung und Muße genossen wird.

Zudem können Sie mit *Weihrauch* **räuchern**, was vor allem bei starken Verunreinigungen hilft. Das ist der Fall, wenn Menschen mit wirklich schlechter Absicht und negativer Lebenseinstellung im Raum waren oder Sie selbst gerade Ihren bittersten Gedanken nachhingen und sich nun daraus befreien möchten.
Weihrauch hat die starke Kraft, alles Negative unwirksam zu machen. Er ist Reiniger und Schutz zugleich. Wer

Weihrauch nicht gerne riecht, sollte *Salbei* nehm
können Sie selbst in Blumentöpfen oder im Garten
und immer wieder einige Zweige abschneiden und trocknen. Dann haben Sie stets gutes Räucherwerk zu Hause.

Nehmen Sie eine feuerfeste, mit Sand gefüllte Schale. Benutzen Sie Ihre Räucherschale nur zu diesem einen
Zweck, nie zu etwas anderem! Wenn Sie ein Harz räuchern, lassen Sie es auf einer glühenden Räucherkohle
schmelzen. Getrocknete Kräuter und Zweige entzünden
Sie erst einmal, blasen das Feuer aber sofort vorsichtig
wieder aus. Das Räucherwerk soll ja nur vor sich hin glim-
men, nicht brennen.

Einer alten Überlieferung zufolge soll es die Wirkung
des Räucherns erheblich verstärken, wenn man beim Rei-
nigungsräuchern der Wohnung eine bestimmte Reihenfolge nach den Himmelsrichtungen einhält. Danach zünden
Sie den Weihrauch oder das Salbeibüschel im Osten der
Wohnung an, wenden sich dann nach Südosten und gehen
durch die Mitte Ihrer Wohnung in den Nordwesten. Dann
wenden sie sich in den Westteil, von hier in den Nordosten,
dann in den Süden, in den Norden, in den Südwesten und
noch einmal in den Osten, um die Figur zu schließen. Das
klingt komplizierter, als es ist. Trotzdem ist es anfangs von
Vorteil, sich vorher einen kleinen Plan zu machen, welche
Räume Sie der Reihe nach besuchen.

Einer einfacheren Methode zufolge begehen Sie Ihre
Wohnung in einem Kreis entgegen dem Uhrzeigersinn.
Dabei fangen Sie ebenfalls im östlich gelegenen Raum an
und gehen auch in jedem einzelnen Zimmer einen Kreis

gegen den Uhrzeigersinn. Zum Schluss gelangen Sie wieder zurück in den östlichen Raum. Auch diese Drehbewegung bringt die Informationen in Fluss und hilft, sie mit dem Rauch hinauszuschicken.

Welche Methode Sie auch wählen, beräuchern Sie den Hauseingang und die Türschwelle besonders intensiv, weil hier der größte Austausch von Energien stattfindet. Nach dem Räuchern sollten Sie übrigens gründlich lüften, damit die verbrauchten Energien hinausströmen können.

Menschen, die die Luft und den Wind lieben, werden Räucherungen bevorzugen, genauso die Reinigung durch Töne und Klänge.

Salz hat die hervorragende Fähigkeit, negative Energien zu binden. Die Handhabe ist einfach: Nehmen Sie etwa 100 bis 200 g Salz und streuen Sie es in jede Raumecke und in die Raummitte. Wer viele bittere Erfahrungen gemacht hat, kann noch etwas Bittersalz zugeben. Das Salz nimmt durch seine starke Saugfähigkeit negative Schwingungen wie selbstverständlich auf. Nach ein bis zwei Tagen hat sich das Salz mit allen Störenergien angereichert. Dann sollten Sie es aufsaugen oder aufkehren und gleich aus der Wohnung bringen. Bei Holzböden sollten Sie das Salz auf kleinen Tellern verteilen, um dem Boden nicht zu schaden.

Übrigens:

Salz wirkt besonders stark bei Neumond! Die Reinigungskraft von Salz eignet sich gut für stark erd-gebundene Menschen. Wer das Gefühl hat, die dunklen Gedanken und negativen Gefühle seien schon in ihn eingedrungen sind, kann zusätzlich ein Salzbad nehmen (1 Kilo Salz im Badewasser auflösen) und sich dabei vorstellen, dass er beim Baden alle Gifte aus dem Körper ausscheidet.

Die Kunst des **Feuers** ist, negative Gedanken zu verbrennen. Ein Reinigungsritual mit Feuer ist also dann zu empfehlen, wenn der Raum angefüllt ist mit verletzenden Worten, aber auch, wenn sich nur Gedanken an Wut und Streit hier angesammelt haben.

Sofern Sie einen offenen Kamin oder einen Kaminofen besitzen, zünden Sie ein *Holzfeuer* an. Alternativ können Sie aber auch eine *Kerze* nehmen. Es sollte jedenfalls eine dicke, starke Kerze sein, denn sie muss ja einiges an Energien aushalten. Entzünden Sie Ihre Kerze oder Ihr Feuer, setzen Sie sich davor und bitten Sie den Geist des Feuers, alle negativen Gedanken aufzuzehren, in seiner Flamme zu verbrennen und sie in Licht, in unschuldiges, weißes Licht umzuwandeln. Das ist übrigens eine gute Methode, auch die eigenen negativen Gedanken einer Reinigung zu unterziehen, nicht nur die Worte, die nach einem belastenden Gespräch noch im Raum hängen mögen.

Stellen Sie sich so bildlich wie möglich vor, dass die Flammen all diese bösen Worte und Gedanken, die im Raum schweben, zu sich heranziehen, sie verbrennen und damit heilen. Die Kraft der Vorstellung sollten Sie übrigens bei allem, was Sie tun, nutzen. Denn durch die gezielte Absicht verstärken Sie die Wirkung eines jeden Mittels enorm. Zündet einer achtlos und nebenbei eine Kerze an, wird diese auch einfach so vor sich hin brennen. Gibt der Anzünder der Kerze aber einen bestimmten Auftrag, „Bitte reinige" oder „Bitte verbreite Harmonie", dann wirkt die Flamme genau so! Für feurige, aktive Menschen sind Flammen ein ideales Reinigungsmittel.

Das **Wasser** vermag in erster Linie schädliche und negative Gefühle zu reinigen. Für eine Reinigung mit Wasser halten Sie Ihre Hände über eine Schale mit Wasser und sprechen dabei einen Segen. So überträgt sich Kraft auf das Wasser, mit dem Sie dann ein Reinigungsritual durchführen können. Sie können sich aber auch Heilwasser aus einer Quelle besorgen oder Weihwasser aus einer Kirche. Besprühen Sie die Gegenstände, die Sie reinigen wollen, mit diesem Wasser. Alle schlechten Erinnerungen, die daran noch hängen mögen, werden dann gleichsam damit abgewaschen.

Wenn die Wände, die Sie ja schützen sollen, Risse aufweisen, dann besprühen Sie diese Risse ebenfalls mit geweihtem Wasser. Denn ein Riss ist eine Störung, die täglich, sogar stündlich mit dieser Energie auf Sie einstrahlt. Weihwasser ist in der Lage, die Störung harmonisch auszugleichen. Natürlich kittet es den Riss nicht, das müssen Sie schon selbst tun oder einen Handwerker beauftragen. Aber die Infomation von „Zerstörung" können Sie dadurch aus Ihrer Umgebung löschen. Gerade wer das Wasser liebt, wird sich mit dieser Methode der Raumreinigung schnell anfreunden können. Für diese Menschen eignet sich außerdem ein Zimmerbrunnen. Das plätschernde

Wasser spült negative Gefühle weg, nimmt sie mit sich, verdünnt sie und macht sie schließlich unschädlich.

Sehr wirksam ist es zudem, sich in eine **Meditation** zu versenken.

Setzen Sie sich aufrecht hin und schließen Sie die Augen. Laden Sie Engel und Naturwesen ein, Sie zu beschützen und Ihnen bei der Reinigung zu helfen. Verbinden Sie sich mit der Energie von Himmel und Erde: Lassen Sie aus sich heraus, aus den Füßen und dem Beckenboden, kräftige Wurzeln tief in die Erde hineinwachsen, die Sie fest und sicher mit dem Boden verankern. Und lassen Sie aus Kopf und Händen Fühler wachsen wie eine Baumkrone, weit nach oben, bis in den Himmel hinein. Fühlen Sie sich von der Kraft der Erde getragen und gehalten und vom göttlichen Licht des Himmels umstrahlt und durchdrungen. Bleiben Sie kurz in dieser Vorstellung, die Sie selbst reinigt und stärkt.

Stellen Sie sich nun einen goldenen Lichtwirbel vor, der durch Ihr Haus wirbelt, erst durch den Raum, in dem Sie sitzen, dann nacheinander durch alle Zimmer, in jede Kammer, in jede Ecke, in jeden Winkel hinein, der schließlich alles Schädliche und Schmutzige mit sich nimmt, hinaus in den Kosmos und es dort auflöst und neutralisiert im Meer der Unendlichkeit. In Ihrem Haus bleibt ein strahlendes, helles Licht zurück, das weithin ausstrahlt, über Ihr Grundstück hinaus, das Haus von innen erhellt und es von außen wie ein Schutzwall umgibt.

Dann danken Sie für die Hilfe von Engeln und Naturwesen bei der Reinigung, fühlen sich ganz in sich zu Hause, strecken Ihre Glieder, öffnen die Augen und genießen die Wirkung Ihrer strahlenden Umgebung.

Feinreinigung und Energieaufbau – das ist Parfum für die Wohnung

Nun ist Ihr Haus von sichtbarem und unsichtbarem Schmutz gereinigt, jetzt geht es an den Aufbau der positiven Energie. Und auch das können Sie wieder mit ganz einfachen Mitteln unterstützen und verstärken.

Für einen gelungenen Abschluss, für die besondere Feinreinigung sozusagen, wirkt es herrlich, wenn Sie **Rosenwasser** versprühen und zusätzlich in den Zerstäuber ein paar Tropfen der **Bachblüte** *Crab Apple* (Nr. 10) geben. Die Rose mit ihrer sanften Schwingung gibt dem Raum den letzten Schliff. Sie hat eine heilende und liebevolle Schwingung und überträgt diese auf ihre Umgebung. *Crab Apple*, zu Deutsch Holzapfel, gilt bei Edward Bachs Blütenessenzen als die Reinigungsblüte schlechthin und wirkt wunderbar klärend – allerdings nur dann, wenn der grobe Schmutz vorher entfernt wurde. Zusammen sind *Crab Apple* und Rose einfach wunderbar wohltuend.

Holen Sie sich dann vom Feld oder vom Laden einen frischen **Blumenstrauß** und stellen Sie ihn in einen zentralen Raum Ihres Hauses. Die Wirkung ist auch am grauesten Regentag, als hätten der Frühling oder der Sommer persönlich bei Ihnen vorbeigeschaut. Machen Sie freundliche **Musik** an, oder singen Sie selbst einmal wieder ein Lied. Geben Sie *Orangenöl*, *Zeder* oder *Lavendel* in Ihr Duftlämpchen oder einen anderen **Duft**, den Sie persönlich lieben. Gestalten Sie die Atmosphäre bewusst, ganz so, als würden Sie einen Geliebten oder Ihren besten Freund empfangen. Schmücken Sie Ihre Wohnung, tun Sie ihr also wirklich sichtbar etwas Gutes.

Noch einmal als Zusammenfassung:

1. Materielle Reinigung (Aufräumen, Putzen...)
2. Energetische Reinigung (Räuchern, Klänge, Salz...)
3. Aufbau (Düfte, Blumen...)

Achten Sie darauf, dass Sie die Reihenfolge einhalten. Sie würden sich selbst ja auch nicht erst mit wunderbaren Duftölen eincremen und danach die von der Gartenarbeit strapazierten Hände von der Erde reinigen. Also, erst das Grobe, dann das Feine. Auch wenn Räuchern mehr Spaß macht als Staubsaugen. Tun Sie sich den Gefallen, denn die Wirkung ist erheblich intensiver.

Übertreiben Sie es nicht, fangen Sie langsam an, Schritt für Schritt. Suchen Sie sich zuerst das aus, was Ihrem Wesen entgegenkommt, wobei Sie innerlich rufen: „Oh ja, das wäre schön!" Probieren Sie später ruhig auch einmal etwas Neues aus – Dinge, mit denen Sie sich bisher noch nicht beschäftigt haben. Vielleicht erschließt sich Ihnen dadurch ein neues Hobby? Die Möglichkeiten sind zahlreich.

Es macht wirklich Spaß, sich um seine Umgebung zu kümmern. Denn damit zeigen Sie, dass Sie sich selbst auch nicht gleichgültig sind. Sich selbst und das anvertraute Umfeld in Ordnung halten und schön machen – ja, wenn das alle machen würden, dann wäre die Welt doch um ein ganzes Stück besser, schöner, harmonischer, freundlicher... stimmt genau! Fangen Sie am besten noch heute an, Ihren Teil dazu beizutragen.

Auch wenn Sie nicht die geringste Vorstellung haben, wie geistige Wesen aussehen oder sogar deren Existenz anzweifeln – tun Sie trotzdem einfach so, als wenn es sie gäbe. Nehmen Sie Kontakt auf mit den Elementarwesen und den Schutzengeln Ihres Ortes. Sprechen Sie mit ihnen, genauso, wie sie mit einem guten Freund, einem wunderbaren Menschen sprechen würden. Bitten Sie sie um Reinigung, um Schutz, Frieden, Wohlergehen, Gesundheit oder was immer Ihnen sonst am Herzen liegt. Das gesprochene Wort verstärkt jede gedachte Absicht. Damit können Sie jeder Ihrer Handlungen eine zusätzliche Kraft verleihen und dabei sicher sein, dass sich die Angelegenheit zum Wohle für alle Beteiligten entwickeln wird. Und vergessen Sie nicht, sich bei den Wesen für ihre Hilfe zu bedanken und dafür, dass Sie diesen Platz nutzen dürfen. Das Danken kann durch Worte geschehen, durch Gedanken, aber auch durch Gefühle. Sie können den Engeln oder Lichtwesen, die Sie durch die kleine Zeremonie begleitet haben, zum Beispiel Freude oder Liebe schicken. Oder Sie legen Ihnen einige Rosenblätter aufs Fensterbrett. Werden Sie ruhig spielerisch. Sie werden sehen, wie viel harmonischer dann alles gelingt.

Praxistipps für das Wohlbefinden – vom Energiefluss bis zum richtigen Platz

„Es ist besser, unvollkommene Entscheidungen
zu treffen, als ständig nach vollkommenen
Entscheidungen zu suchen,
die es niemals geben wird."
(Charles de Gaulle)

Der Energiefluss muss stimmen! Das gilt nicht nur für den eigenen Körper, sondern auch für das Haus. Dieses ist schließlich ein Organismus für sich. Auch hier fließt Energie – genau wie in einem Körper, in einer Stadt oder, noch großräumiger, in einer Landschaft. In China wird der Fluss der Lebensenergie „Chi" genannt, in Indien „Prana". Die Bedeutung ist in etwa dieselbe.

Ist der Energiefluss blockiert, gibt es einen Stau. Und Staus, das wissen wir vom Autofahren, sind unangenehm. Weil es sich hier um Energie handelt, ist nun weder der Energiefluss noch dessen Stau zu sehen, zu spüren aber wohl.

Wenn Sie sich nicht sicher sind, welchen Weg die Energie in Ihrem Zuhause nimmt, dann achten Sie darauf, worauf unwillkürlich Ihr Blick fällt, wenn Sie in ein Zimmer eintreten. Schweift Ihr Blick ruhig durch den Raum? Richtig wäre eine mäandernde[*] Bewegung, die wie ein sanfter Fluss die Runde zieht.

---

[*] schlangenförmige Bewegung

Doch häufig gibt es einen einzigen, starken Blickfang. Jeder Gegenstand, der sofort ins Auge fällt und alles andere vergessen lässt, ist zu dominant in seiner Wirkung. Dazu zählt auch die „gute" Aussicht. Und Sie wissen ja: Was Ihre Augen anzieht, dorthin geht die Energie. Wenn Sie Ihren Raum betreten, fällt Ihr Blick dann sofort auf das Fenster gegenüber? Bewundern Sie als Erstes die herrliche Aussicht? Das mag ja sehr beeindruckend sein, doch wenn sich der Blick fast automatisch in die Ferne richtet, ist dies ein Zeichen, dass die Energie zu schnell verloren geht. Sie schwappt förmlich aus dem Fenster hinaus – und Ihre eigene Kraft gleich mit. Gegen eine tolle Weitsicht ist ja nichts einzuwenden, aber sie sollte gesteuert werden können.

Bauen Sie in diesem Fall eine Bremse ein. Sie brauchen die Energie im Raum und nicht draußen. Drapieren Sie Vorhänge um das Fenster. Wählen sie schwer fallende Stoffe, die aussehen, als würden sie Jahrhunderte überdauern. Hängen und stellen Sie außerdem einen geschliffenen Kristall oder eine Achatscheibe ins Fenster, eine auffallende kräftige Figur oder eine klobige Vase. Und stellen Sie Pflanzen vor dem Fenster auf, solche mit kräftigen Blättern, die auch fähig sind, einen starken Energiestrom aufzuhalten. Die sensible Zimmerlinde wäre mit dieser Aufgabe überfordert, ein Drachenbaum oder eine Birkenfeige schafft es gut. Sie sehen schon, die Möglichkeiten sind zahlreich. Für jeden Stil, für jeden Geschmack ist etwas dabei. Wichtig ist: Schaffen Sie sich einen „Blickfang", fangen Sie den Blick.

Oder ist es genau anders? Sie betreten den Raum und fühlen sich gefangen in der Enge? Und selbst wenn Sie die Fenster vergrößern würden, brächte es nicht viel, denn ein massiver, grauer Häuserblock steht davor? Dann wählen Sie helle Farben für den Raum und eine leichte Fensterdekoration: Locker drapierte Tücher, feine, farbige Schleier. Dazu bewegliche Objekte wie Mobiles sowie Fensterbilder aus durchbrochenem Metall gearbeitet oder aus farbigem Glas zusammengesetzt. Installieren Sie besonders viel Licht und entscheiden Sie sich für wenige und leicht wirkende Möbel, für wenig Krimskrams und für kleine, fröhliche Bilder statt eines düsteren Alten Meisters.

Nun gehen Sie noch einmal aufmerksam durch Ihren Raum. Müssen Sie, um von einer Tür zur anderen zu gelangen, um einen Sessel herumtanzen, oder bleiben Sie beinahe an der Kommode hängen? Dann ist der Energiefluss übel gestört, die Folge ist, Sie haben bald keine Lust mehr, diesen Weg zu gehen, selbst wenn Sie aus dem Nebenzimmer etwas brauchen. Selbst solch kleine Handlungen verschieben Sie lieber. Der Grund ist: Sie möchten sich weder verletzen noch Umwege gehen. Das wird Ihnen zwar nicht bewusst, aber Sie handeln so, und zwar zu Recht. Denn wer will schon aus seinem Leben einen Hindernislauf machen? Schaffen Sie sich freie Bahn. Weg mit dem Sessel! Oder ersetzen Sie ihn durch ein zierlicheres Stück. Hängen Sie nicht an Möbelstücken, die definitiv stören. Finden Sie für diese Teile einen guten Platz oder trennen Sie sich von ihnen. Aber lassen Sie sich nicht Tag für Tag zu Umwegen zwingen. Nicht von einem Sessel! Auch nicht, wenn er ein Erbstück ist.

Gibt es in Ihrem Raum einen toten Winkel, auf den Ihr Blick so gut wie nie fällt? Das würde bedeuten, dass Sie einen bestimmten Bereich Ihres Lebens nicht annehmen, dass Sie Ihr Potenzial nicht vollständig ausleben. Lassen Sie das nicht zu, Sie dürfen und sollen komplett leben. Kein Bereich des Raums sollte achtlos und ungenutzt bleiben, wie auch kein Bereich des Lebens unbeachtet und keine Fähigkeit ungenutzt bleiben sollte.

Mit einer Leuchte, die hier aufgestellt wird, kann beides erhellt werden. Auch ein Zimmerspringbrunnen, Kerzen oder ein auffälliges Mobile beleben diesen bislang stiefmütterlich behandelten Teil des Raums. Sogar elektrische Geräte sind hierfür geeignet, sie setzen diese unbelebten Winkel förmlich unter Strom.

Oder gibt es gar in der Wohnung einen ganzen Teil, den Sie nicht nutzen? Wie etwa ein Gästezimmer, das viel zu selten Gäste beherbergt? Oder ein Abstellraum oder ein großer Schrank, der quasi als Müllraum benutzt wird? In den Sie alles hineinstopfen, was Sie aus dem Blickfeld haben möchten?

Erinnern Sie sich immer wieder daran, dass die äußere Umgebung immer ein Spiegelbild des Inneren ist, also genauso auch Ihre Psyche aussehen würde: überfrachtet mit alter, abgelegter Ware. Räumen Sie gründlich auf, trennen Sie sich von allem, was Sie seit drei Jahren nicht mehr benutzt haben. Sie müssen Wertvolles nicht wegwerfen, Sie können es verschenken oder verkaufen. Erinnerungsstücke haben nur dann einen Wert für Sie, wenn Sie sie mit freundlichen Gedanken verbinden und benutzen oder gerne anschauen. Verpflichtung (Erbstück von der Großtante, Geburtstagsgeschenk vom Chef) und Sentimentalität (das Abschiedsgeschenk vom Verflossenen) sind keine guten Gründe. Schaffen Sie sich lieber Platz für Neues in Ihrem Leben.

Die Energie muss fließen – genau wie das Wasser. Ist keine Bewegung darin, wird es abgestanden und faulig. Wenn es fließt, so bleibt es frisch. Ist die Strömung zu stark, ist der Erholungswert gleich null, pfeilähnlich schießt das Wasser dahin, und es ist ihm nicht mehr möglich, die Umgebung zu beiden Seiten mit Energie zu versorgen. Wird der Fluss dagegen ständig durch Hindernisse unterbrochen, entstehen zwangsläufig Umwege, und ein Vorankommen ist nur schwer möglich. Das Ideal ist eine sanfte, geschwungene Bewegung.

Das eigene Zuhause soll zum Kraftort werden, an dem wir Belastungen loswerden können und wieder neue Energie schöpfen. Dies alles würde uns in reichem Maße natürlich auch die Natur schenken. Aber unser Leben findet nur noch in den seltensten Fällen draußen statt. Ein Spaziergang in Wäldern oder Bergen ist in einem normalen Alltag einfach nicht jeden Tag zu verwirklichen. Daher gilt es nun umso mehr, das eigene Heim zur Quelle der Energie zu machen. Zu Hause sind wir schließlich beinahe täglich, also machen wir spielerisch und voller Freude eine Oase daraus.

Achten Sie auch auf das Design Ihrer Möbel, auf Mauerecken und Pfeiler. Scharfe Ecken und Kanten wirken sehr stark anregend und dadurch störend auf einen harmonischen Energiefluss. Zielen diese Ecken und Kanten auf Bett, Sofa oder Sessel, also auf Möbel, die zum Entspannen gedacht sind, verbieten sie sich von selbst. Denn wer sich ausruhen möchte und es sich gemütlich machen will, dabei aber einem ständigen Reiz ausgeliefert ist, wird zwangsläufig nervös und aggressiv. Ihr körpereigenes Energiesystem ist dann stets damit beschäftigt, diese Angriffe abzuwehren und auszugleichen. Sie ermüden zwangsläufig schneller und fühlen sich immer irgendwie angegriffen, und dadurch nehmen sie im Umgang mit anderen Menschen schnell eine kratzbürstige Verteidigungshaltung ein. Oder Sie entwickeln sich selbst zu einer angriffslustigen Person. Das Ergebnis wäre eine immense Zunahme an Kritik und Streit.

Finden Sie für das aggressive Möbelstück einen weit entfernten Platz. Muss es unbedingt neben Ihrem Ruheplatz stehen bleiben, dann runden Sie die störenden Ecken ab, kaschieren Sie die harten Kanten mit Stoffbahnen oder drapieren Sie einen weich fallenden Vorhang davor. Sie können auch eine Pflanze davorstellen (aber eine mit runden, weichen Blättern, denn eine stachelige, spitzblättrige Pflanze hätte ja wieder eine aggressive Wirkung), oder Sie lassen eine Kletterpflanze daran hochranken.

Die Wirkung von scharfen Kanten nimmt allerdings mit der Entfernung ab. Sie können das ausprobieren. Halten Sie Ihre Hand über einen spitzen Gegenstand, ganz nahe. Spüren Sie das Kribbeln? Es lässt nach, wenn Sie Ihre Hand etwas entfernen. Solch ein „Kribbeln", solch eine „Anregung" kann, in Maßen genossen, ganz sinnvoll sein. Denn eine Umgebung, die nur noch aus Rundungen besteht, kann wiederum zu weich und nachgiebig machen. Sehen Sie daher nicht in jeder Kante ein Feindbild. Wir brauchen auch schon einmal eine klare Linie, eine feste Grenze. Nur eben nicht zum Ausruhen oder Einschlafen. Wichtig ist auch hier, auf den Ausgleich zu achten. Zu viel von einem Extrem ist schädlich.

Spielen Sie das Spiel des Ausgleichs noch ein wenig weiter: Wie hoch sind eigentlich Ihre Räume? Vor allem in alten Bauernhäusern waren die Decken niedrig, um Baumaterial und Heizkosten zu sparen. Auch Keller- und Dachwohnungen leiden manchmal unter einer zu geringen Deckenhöhe. Niedrige Decken aber wirken ärmlich und bedrückend. Ist das die Energie, die Sie brauchen? Gewiss nicht! Verschaffen Sie sich mehr Weite durch eine helle Deckenfarbe und durch Licht, das nach oben an die Decke strahlt.

Zu hohe Zimmerdecken dagegen, wie sie in Bürgerhäusern des 19. Jahrhunderts üblich waren, machen zwar stolz und selbstbewusst, aber sie vermitteln oft nicht das nötige Gefühl der Geborgenheit. Schließlich wollen Sie in Ihrer Wohnung nicht in erster Linie repräsentieren, sondern sich entspannen. Schaffen Sie sich Bereiche, in denen Sie die Deckenhöhe bewusst verändern. Hängen Sie über dem Schlafbereich oder dem Sitzplatz dekorative Stoffbahnen oder ein Moskitonetz auf. Wählen Sie eine intensive, warme Farbe für Wände und Decke. Ein farblich abgesetzter Sims, aufgemalt, aus Gips oder aus Holz, der etwa 20 bis 30 cm unterhalb der Decke verläuft, lässt den Raum ebenfalls niedriger wirken. Und entscheiden Sie sich für Hängeleuchten, die ihr Licht nach unten abgeben.

Yin und Yang sind der Schlüssel

Erinnern Sie sich an das wunderbare Symbol von Yin und Yang, über das sich immer wieder meditieren lässt. Diese ineinandergreifenden Wellen, bei denen jeder Teil für sich bleibt und doch die Ergänzung zum anderen bildet. Gemeinsam erst werden sie zum harmonischen Ganzen.

Genau wie dieses schöne Symbol lassen sich Gegenstände, Früchte, Tätigkeiten, Gefühle, Geschmäcker, Farben, Temperaturen, eigentlich alles, was wir auf der Welt kennen, in diesen uralten „Kode" von Yin und Yang einteilen. Symbolisch wird Yin als durchbrochene und Yang als durchgezogene Linie dargestellt. Spannend ist, nebenbei bemerkt, dass die Computersprache ebenfalls auf zwei Strichkodes reduziert ist. Mit diesen „Binärkodes" ist das ganze Computersystem programmiert, mit Yin und Yang die ganze Welt aufgebaut. Gleichzeitig also ungeheuer kompliziert, und doch auch wieder verblüffend einfach.

Schauen wir uns die möglichen Gegensätze einmal näher an: Männlich und Weiblich, Aktiv und Passiv, Heiß und Kalt, Spitz und Rund, Hell und Dunkel, Elektrisch und Magnetisch, Trocken und Feucht, Tag und Nacht, Zeit und Raum, Bewegung und Ruhe, Yang und Yin. Die Aufzählung ließe sich noch lange fortsetzen. Keines kann ohne das andere existieren. Um den einen Zustand vom anderen abzugrenzen, brauchen wir den Vergleich von einem Extrem zum anderen. Solche gegensätzlichen Kräfte streben naturgemäß immer nach einem Ausgleich. Ist das eine im Übermaß vorhanden, wird das andere herbeigesehnt, ja, zur Notwendigkeit.

Mit einer Wertung in „Gut" und „Schlecht" hat die Einteilung in Yin und Yang aber rein gar nichts zu tun. Die Begriffe sind neutral, doch sie bedingen einander. Kritisch wird es nur dann, wenn auf einer Seite ein Übergewicht herrscht. Bei zu großer Kälte erfriert die Natur, bei zu großer Hitze verbrennt sie. Beides ist weder gut noch schlecht. Der Ausgleich ist die Lösung. Doch nicht eine dauernde lauwarme Temperatur, ein dämmriger Endlostag, ein einfarbig graues Yin-Yang-Symbol, sondern beides, mal heiß, mal kalt, mal Nacht, dann wieder Tag, das Symbol in Schwarz und Weiß – das bringt in der rechten Mischung die Harmonie und behält trotzdem die Spannung.

So sehnt man sich bei großer Kälte nach Wärme, in der Sommerhitze nach einer Erfrischung. Nach einem anstrengenden Arbeitstag genießen wir einen faulen Feierabend, nach der Ruhepause der Nacht freuen wir uns wieder auf neue Aktivitäten. In vielen Fällen, und zwar in denen, die von körperlichen Notwendigkeiten gesteuert werden, verhalten wir uns automatisch so, dass der notwendige Ausgleich stattfinden kann. Doch da, wo wir mit unserem Verstand arbeiten, laufen diese Vorgänge nicht mehr so selbstverständlich und natürlich ab. Das heißt, wir haben den Bezug zur Natur verloren. Uns ist das Gespür verlorengegangen für das, was zu unserem Wohlbefinden, zu einem Leben in Frieden und Harmonie notwendig ist.

Aber wir können es wieder lernen, wie alles, was wir einst von der Natur her wussten, was uns jedoch im Laufe der Jahrhunderte durch das Übergewicht der Technik, durch die Betonung des Verstandes verlorengegangen ist. Wir leben in einem Zeitalter, in dem es zu unseren Aufgaben zu gehören scheint, das alte Wissen für uns wiederzuentdecken, die neue Wissenschaft anzuerkennen und beides sinnvoll miteinander zu verbinden.

Die beiden Urprinzipien von Yin und Yang können zur segensreichen Grundlage für unsere gesamte Lebensgestaltung werden. Stellen Sie sich einfache Beispiele aus Ihrer Umgebung vor, wie beispielsweise einen schattigen Innenhof. Ein Lichtfleck schafft hier einen Blickfang, bringt den wohltuenden Ausgleich zum übrigen Halbdunkel. Oder umgekehrt eine sonnenüberflutete Terrasse. Wo ist der Bezugspunkt? Unter einem Schatten spendenden Schirm. Oder ein helles Sofa in einer hellen Wohnung: Erst ein bunter Teppich, ein rotes Sofakissen oder ein farbenfrohes Bild erweckt das Zimmer zum Leben.

Haben Sie eine dunkle, düster wirkende Wohnung, schaffen Sie sich den Sonnenschein durch reichlich künstliches Licht und fröhliche Farben. Anstatt Ihr Gemüt erdrücken zu lassen, hängen Sie als Ausgleich ein farbenfrohes, luftiges Mobile ins Fenster. Liegt Ihre Wohnung an einer viel befahrenen Straße, die Tag und Nacht keine Ruhe vermittelt, schaffen Sie sich ein Gefühl von Stabilität durch große Steine, die Sie aufs Fensterbrett legen. Ihrer Fantasie sind hier keine Grenzen gesetzt.

Finden Sie Einseitigkeiten in Ihrer Wohnung heraus, das Übergewicht eines Elements. Dies markiert womöglich Einseitigkeiten in Ihrem Leben. Dann fangen Sie an, sie mit dem Gegenteil zu bearbeiten: Zuerst setzen Sie ein optisches Signal, indem Sie diese Einseitigkeiten in Ihrer Wohnung verändern. Vielleicht mangelt es hier an Licht (= Lebensfreude) oder es fehlt Ihnen der Schatten (= der Rückzug in sich selbst), oder etwa die Offenheit (= Kontakte) oder die Begrenzung (= der Schutz)? Dann sorgen Sie für Licht, und Sie bekommen automatisch mehr Lebensfreude. Oder sorgen Sie für klare Grenzen, und Sie fühlen sich sicherer. Was auch immer es ist, ihr Unterbewusstsein wird Ihre Symbolsprache verstehen, wird die neuen Impulse aufgreifen. Eine Veränderung kommt auf jeden Fall in Gang.

Es geht nicht darum, die Menschen gleich zu machen, sondern es geht darum, etwas zu verändern, wenn sich jemand in irgendeinem Bereich seines Lebens/seiner Wohnung nicht wohlfühlt. Die meisten Probleme lassen sich nämlich genauso im Außen angehen wie im Innen. Sie spiegeln sich wider, von hier nach dort und umgekehrt. Es spielt also keine Rolle, wo man anfängt zu verändern. Mit der Entscheidung, etwas in der Wohnung zu tun, ist ja gleichzeitig schon die Entscheidung für die Veränderung im Inneren gefallen.

Harmonie ist das wichtigste Kriterium für das Wohnen. Zu Hause sollen wir uns erholen können, in unsere Mitte kommen und einen Ausgleich von Stress und Anforderungen finden. Achten Sie bei Ihrer Gestaltung stets darauf, dass ein harmonisches Maß zustande kommt.

Wenn Sie schließlich das Gefühl haben, Ihre Umgebung ist im Gleichgewicht, dann lassen Sie sich in einer ruhigen Stunde auf Ihrem Lieblingsplatz nieder. Jetzt geht es darum, Ihre besten Plätze zu finden. Lauschen Sie darauf, wie Sie sich fühlen, dort, wo Sie gerade sitzen. Werden Sie eher angeregt oder ruhig? Bekommen Sie plötzlich Lust, etwas zu tun, oder fühlen Sie sich eher schläfrig? Probieren Sie andere Plätze aus. Wie fühlt es sich dort an? In jeder Wohnung lassen sich aufladende und abladende Plätze finden. Die aufladenden machen munter und unternehmungslustig, die abladenden ruhig und friedlich.

Merken Sie sich die Qualitäten dieser Plätze und setzen Sie sich jeweils dorthin, wenn Sie eine bestimmte Energie brauchen. Suchen Sie einen friedlichen, ruhig machenden Platz auf nach einem anstrengenden Tag, der Ihnen den letzten Nerv geraubt hat, und lassen Sie dort alles Störende los. Suchen Sie einen aufladenden Platz auf, wenn Sie bereit sind, neue Energie zu tanken oder Einfälle und Ideen brauchen.

Pflanzen – unsere Verbindung zur Natur

Pflanzen symbolisieren Energie und Lebenskraft. Sinnvoll ausgewählt und aufgestellt entwickeln sie sich von bloßer Dekoration zu unseren guten Freunden. Wichtig ist aber, dass sie gesund sind und gut gepflegt werden. Also: Welke Blätter und Blüten regelmäßig entfernen und umtopfen, wenn es nötig ist.

Selbstverständlich können Sie alle Pflanzen zu Ihren Freunden machen. Lassen Sie sich, vielleicht in einer kleinen Meditation, ein wenig auf deren Besonderheit ein. Setzen Sie sich vor die Pflanze, nehmen Sie Kontakt zu ihr auf und versuchen Sie, sich in sie einzufühlen. Fragen Sie sie nach ihren Bedürfnissen, fragen Sie sie, was sie Ihnen geben möchte. Schließen Sie Freundschaft.

Kakteen sind in Fluren und Treppenhäusern gut aufgehoben. Stehen sie in bewohnten Zimmern, sollte man darauf achten, dass sie nicht unmittelbar neben dem Sitzplatz stehen. Ihre Stacheln schützen zwar, greifen aber auch an, und dem sollten wir uns lieber beim Vorübergehen aussetzen als beim Ausruhen. Stellen Sie Ihre Kakteen an einen Platz, an dem Sie das Gefühl haben, dass hier ein Angriff von außen kommen kann, zum Beispiel ans Flurfenster, das zu einem erdrückend hohen Bauwerk hinüberzeigt.

Ist sehr viel Bewegung in Flur und Treppenhaus, wenn etwa das Haus von einer großen Familie oder mehreren Parteien bewohnt wird, dann können mit einem *Fensterblatt* die Energiewirbel zur Ruhe gebracht werden.

Der *Efeu* ist eine pflegeleichte Hängepflanze, die sehr gut Schadstoffe im Raum abbauen kann. Allerdings ist der Efeu selbst giftig, daher sollte man ihn nicht dort aufstellen, wo kleine Kinder an ihn herankönnen. Er hat eine ruhige, aber sehr förderliche und positive Wirkung auf seine Umgebung.

Frieden und Ruhe vermittelt die *Azalee*. Und auch das *Usambaraveilchen* ist ein freundliches Geschöpf. Es hebt mit seinen bunten Blüten und herzförmigen Blättern in seiner Umgebung die Stimmung. Schlechte Laune kann es wunderbar ausgleichen und in Fröhlichkeit umwandeln.

Ideal für einen vorwiegend von Frauen bewohnten Raum ist das *Alpenveilchen*. Es wirkt wie eine sanfte und liebevolle Umarmung, sehr harmonisch und freundlich. Für Männer ist dagegen die *Amaryllis* eine herrliche Pflanze, da sie Herz und Gefühl anregt. Damit gibt sie besonders verstandesbetonten Menschen einen wichtigen Ausgleich.

Wie empfängt Sie Ihr Haus?

„Schon ein kleines Lied kann viel Dunkel erhellen."
(Franz von Assisi)

Es ist wundervoll, wenn ein Haus ein „Gesicht" hat. Zu viele haben leider keines. Was damit gemeint ist? Ganz einfach: Ein Haus mit Gesicht schaut einen freundlich an. „Was für ein schönes Haus!", möchte man ausrufen beim Anblick eines solchen Hauses. Würde man dort zu einem Besuch eingeladen, ginge man gerne hinein.

Gehen Sie einmal spazieren und achten Sie auf dieses „Gesicht". Bei alten Bauwerken ist es noch häufiger zu finden: Eine prächtig gestaltete Eingangstür, umrahmt von steinernen Pilastern[*], ein paar Stufen, die diese Pforte zusätzlich unterstreichen, die Fenster zu beiden Seiten harmonisch angeordnet. Vielleicht passt auch noch der Bewuchs, und es gibt Sträucher oder Bäume, die das Haus optisch stützen und halten, dazu Blumen, die ihm ein freundliches Aussehen schenken. Wessen Herz geht nicht auf beim Anblick einer Villa, die sogar eine Veranda vor dem Haus hat? Heutzutage wird dies als reine Platzverschwendung angesehen. Leider kranken viele neuere Bauten daran, dass der Eingang Nebensache geworden und dem Zweckdenken zum Opfer gefallen ist. Wohnräume und Terrassen hinter dem Haus werden noch einigermaßen großzügig gestaltet, der Eingang aber wird an den

---

[*] flach aus der Wand hervortretende Pfeiler

Rand gedrückt, er geht schlichtweg unter. Nicht selten wird man vom Garagentor empfangen, die Eingangstür muss man erst einmal suchen. „Wohnt hier nur ein Auto?", fragt man sich mit Recht.

Der Stil spielt allerdings keine Rolle. Der Eingangsbereich kann eine kühle Eleganz ausstrahlen oder liebevoll-herzlich gestaltet sein, er kann modern sein oder an alte Zeiten erinnern, er kann sachlich, witzig oder gemütlich sein. Das hängt nun wirklich vom Geschmack der Bewohner ab. Wenn das Äußere des Hauses genauso gründlich gestaltet und gepflegt wird wie das eigene Outfit, kann gar nichts schief gehen. Die Vorlieben der Bewohner, deren Handschrift also, dürfen ruhig erkannt werden. Das macht ein Haus ja gerade persönlich und unverwechselbar, und vor allem liebenswert.

Wessen Haus sich noch im Bau befindet oder gar noch in der Planung, für den sollte es sich von selbst verstehen, auf eine ansprechende Fassade zu achten. Am wichtigsten dabei sind die Größe und Anordnung von Fenstern und Haustür. Doch ist das Haus einmal gebaut, wird eine Veränderung hier schwierig und zumeist auch teuer. Dann muss man auf andere Gestaltungsmittel zurückgreifen. Mit Farbe, aber auch mit Fensterläden, Spalier, Bewuchs oder Zaun können Sie das Gesicht Ihres Hauses nämlich ebenfalls verschönern.

Ist das Haus gemietet, dürfen Sie vielleicht an der Fassade nichts verändern. Auch in einem Mehrfamilienhaus oder gar in einem großen Wohnblock hat man diese Chance nicht. Den Eingang muss man da in der Regel nehmen, wie er ist. Trotzdem sollten Sie versuchen, Ihr Anliegen bei der nächsten Mieter– oder Eigentümerversammlung zur Sprache zu bringen. Erläutern Sie, wie viel schöner es für alle wäre, den Zugangsbereich vor dem Haus sauber zu halten und die Flure und Treppenhäuser aufzuräumen. Vielleicht ist sogar eine Dekoration mit Bildern oder Pflanzen erlaubt. Natürlich nur unter Einhaltung der Fluchtwege und der Berücksichtigung einer eventuellen Eigentumsentwendung. Trotzdem! Schon das Ordnunghalten alleine macht einen nüchternen Flur zwar nicht gemütlicher, aber eben einer Müllhalde unähnlicher. In einer chaotischen Umgebung entsteht schnell ein Gefühl der Gleichgültigkeit und Sinnlosigkeit: „Jetzt ist eh' schon alles egal". In einer aufgeräumten Umgebung bemüht sich jeder ein kleines bisschen mehr – liegt etwa ein Stück Papier auf dem Boden, dann fällt es ins Auge, man scheut sich instinktiv, es liegen zu lassen.

Funktioniert Ihr Vorhaben nicht, können Sie Ihre Mitbewohner also nicht von diesen Vorteilen überzeugen, so hilft es, zumindest vor Ihrer eigenen Tür den Packen alter Zeitungen und die Kiste Altglas zu entfernen. Außerdem heißt es, auf feinere Methoden zurückzugreifen. Symbole und Rituale sind gefragt! Führen Sie sich als erstes ganz deutlich Ihren Wunsch nach einem freundlichen Eingangsbereich vor Augen, denn Harmonie und Fröhlichkeit sollte er ausstrahlen. Stellen Sie sich nun einen strahlenden, weißen Lichtkreis vor, der sich um das ganze Haus legt.

Innerhalb dieses Kreises ist alles „in Ordnung". Er wirkt wie ein Bannkreis, in den nur die wohlwollenden Energien hinein dürfen, die Störstrahlen werden von seiner Macht abgehalten. Sie werden sehen, das Licht wirkt. Es erhellt nach und nach auch den Sinn der übrigen Bewohner. Sie können dadurch langsam aber sicher die übrigen Hausgenossen doch mit Ihrem Wunsch nach Ordnung und Ruhe anstecken. Beobachten Sie die schrittweise Veränderung und versuchen Sie, Ihr Vorhaben bei einem späteren Treffen erneut zur Sprache zu bringen. Bestimmt sind dann schon mehrere Bewohner dafür bereit.

Mit weißem Licht können Sie übrigens guten Gewissens arbeiten. Denn weißes Licht fördert die persönliche Weiterentwicklung, es manipuliert nicht den freien Willen. Wenn Sie bei all Ihrem Handeln die Maxime haben, dass es zum Wohle aller geschieht und Sie im Einklang mit dem höheren Willen handeln, liegen Sie auf jeden Fall richtig.

Bewohnen Sie ein Haus alleine, dann können Sie es selbst in die Hand nehmen und den Eingangsbereich ganz nach Ihren Wünschen umgestalten. Leben Sie mit Ihrer Familie zusammen, beziehen Sie diese mit ein. Fragen Sie sie nach ihren Wünschen und Ideen. Denn wenn der Blick bei allen geschärft ist, fühlen sich auch alle verantwortlich und sind bereit, sich darum zu kümmern, dass der Eingang so schön bleibt, wie sie ihn einmal gestaltet haben. Stoßen Sie mit Ihren Vorschlägen auf wenig Gegenliebe, dann fangen Sie genauso an wie die Bewohner eines Mehrfamilienhauses: Bereiten Sie den Boden des

Verständnisses mit Licht vor. Und fangen Sie auf jeden Fall in kleinen Schritten mit der Veränderung an, selbst wenn Sie die dazu nötige Arbeit erst einmal alleine machen müssen. Lassen Sie Taten sprechen! Die wirken deutlicher und intensiver als alle Diskussionsversuche.

Der Eingang – Willkommensgruß und Schutz

Der Eingangsbereich ist unser Gesicht nach außen. Er ist der erste Eindruck, den Besucher von unserem Zuhause, und damit von uns, bekommen. Es ist aber auch der erste Eindruck, den wir tagtäglich selbst mitnehmen.

Einen Willkommensgruß für uns und andere sollte der Eingang bieten, feindlich und böse gesinnte Menschen aber abhalten. Doch wie hält man die ab, die wir draußen haben wollen? Durch das Schild „Wir bleiben draußen", auf dem ein böse fletschender Unhold abgebildet ist? Das alleine würde wohl nicht reichen. Dennoch: Ein bisschen Witz und Magie können auch hier nicht schaden. Es war doch schließlich kein Modegag, dass früher an fast allen Gebäuden, vom Bauernhof bis zum Schloss, und nicht zuletzt an Kirchen, Dämonen über dem Eingang prangten – in Holz geschnitzt, in Stein gemeißelt oder auf die Wand aufgemalt. Natürlich sollte dies ein Zeichen sein! Ganz klar sichtbar, auch für die, die nicht lesen konnten, sollten damit schädliche und negative Energien vom Gebäudeinneren ferngehalten werden.

Der Eingang bildet das Tor zur Welt. Ein Tor ist aber erfahrungsgemäß die Stelle, die am leichtesten angegriffen werden kann, und muss daher besonderen Schutz bieten. Der Eingang will vor Neidern, bösen Absichten geschützt werden – der ganze Stress, die Belastung der Welt, all das soll draußen bleiben. Die Tür soll wie ein Filter wirken, durch den die Hereinkommenden gereinigt werden, ihre negativen Energien abstreifen (davon geblieben ist bei den meisten Haushalten nur noch der Fußabstreifer, was immerhin besser ist als nichts).

Durch diesen Filter darf alles Wünschenswerte hereinkommen, alles Schädliche aber soll draußen bleiben. Wem die Abbildung von Dämonen etwas unheimlich ist, der sollte sich lieber auf eine positive Formulierung verlegen – und da wären wir bei den Segenssprüchen, die früher gang und gäbe waren. Meist hingen sie über der Tür, auf kleine Schilder gemalt und mit Blütenranken verziert.

In vielen Landstrichen ist es heute noch üblich, zum Dreikönigsfest am 6. Januar mit weißer Kreide die aktuelle Jahreszahl sowie die Buchstaben C+M+B über die Eingangstür des Hauses zu schreiben. Diese sind zwar auch die Anfangsbuchstaben der Heiligen Drei Könige, gelten aber eigentlich als Abkürzung für „Christus mansionem benedicta", was „Christus segne dieses Haus" heißt.

Auch andere Segenssprüche sind üblich. Sie mögen nach dem Zuhause der Großmutter klingen, aber es ist doch gar nicht schlecht, sich mit den Energien der Ahnen zu verbinden, wenn man Schutz sucht. Wer die Ahnen hinter sich weiß, ist automatisch stärker. Da gibt es „Gott schütze dieses Haus und die da gehen ein und aus" oder „Tritt ein, bring Glück herein". Wenn Sie es moderner bevorzugen, können Sie sich auch selbst eine Formulierung überlegen, die Ihre persönliche Vorstellung von Schutz und Geborgenheit wiedergibt. Oder Sie verwenden den Segensspruch der Cherokee-Indianer: „May the warm winds of heaven / Blow softly on this house / And may the Great Spirit / Bless all who enter here" (Mögen die warmen

Winde des Himmels sanft über dieses Haus streichen, und möge der Große Geist alle segnen, die hier eintreten).

Das Zeichen des *Kreuzes* hat ebenfalls eine starke Schutzwirkung. Gerade für die westliche Kultur ist das Kreuz mit großem göttlichen Schutz verbunden. Aber auch *Engelfiguren* oder alle anderen Symbole, von denen Sie wissen, dass sie Schutz ausdrücken, sind geeignet. Welches Symbol Sie wählen, hängt von Ihrem persönlichen Glauben ab. Sie sollten sich nicht für ein Symbol entscheiden, das gerade modern ist, mit dem Sie aber in Ihrem tiefsten Inneren eigentlich wenig anfangen können. Es sind durch die Verbreitung des Feng Shui viele chinesische Schutzsymbole auf dem Markt, exotische Schriftzeichen oder Bilder von alten Hausgöttern. Genauso erfreuen sich indianische Symbole einer wachsenden Beliebtheit. Der Wunsch nach dem Schutz des eigenen Zuhauses ist eben kulturübergreifend.

Haben Sie einen Bezug zu solch fernen Kulturen oder fühlen Sie sich innerlich stark angesprochen davon, dann können Sie selbstverständlich zu diesen Symbolen greifen. Empfinden Sie diese aber als fremd, dann lassen Sie lieber die Finger davon und suchen sich einheimische Symbole. Wenden Sie sich dann Ihrer eigenen Kultur zu, Ihrem eigenen Brauchtum – oder finden Sie komplett individuelle Symbole.

Eine gute Alternative ist ein **Kranz**, der etwa mit einer Schleife an der Tür befestigt wird. Ein grüner Kranz dient nicht nur zum Schmuck, er soll auch bösen Willen abhalten (durch seine Kreisform) und die Lebenskraft (symbolisiert durch die Farbe Grün) der Bewohner stärken. Der Kreis ist das Symbol der Vollkommenheit und wird dem Himmel zugeordnet. Wer in einem Kreis steht, gilt als unangreifbar. Daher eignet sich dieses Symbol bestens, um den gewünschten Schutz aufzubauen. Solch ein Kranz sollte natürlich immer frisch aussehen. Selbstverständlich kann er passend zur jeweiligen Jahreszeit geschmückt werden. Die Verzierung mit Ähren beispielsweise erinnert an die reiche Ernte, die man eingefahren hat und für die man sich bedankt.

Sie können die Kreisform auch im Muster Ihrer Wegplatten, die zum Eingang hinführen, auftauchen lassen oder, falls Sie in einer Wohnung leben, im Muster Ihres Teppichs vor dem Eingang. Wer zu Ihrer Tür gelangen will, muss diesen Kreis durchschreiten und darf hier alles Negative an Gefühlen und Gedanken abstreifen. Ebenso weisen die meisten Mandalas eine Kreisform auf. Auf eine Glasscheibe gemalt und ins Flurfenster oder in den Glaseinsatz der Eingangstür gehängt, lässt solch ein Mandala das Licht in schönen Farben ins Haus dringen und dient somit durch seine Formen und Farben als Filter und Schutz.

Die vielleicht unauffälligste Möglichkeit, um Ihren Eingang zu schützen, ist rechts und links davon je eine **Pflanze** aufzustellen. Pflanzen verstärken auch die reinigende und schützende Wirkung aller übrigen Symbole. Mit ihnen kann man außerdem sprechen – also reden Sie mit ihnen und geben Sie ihnen den Auftrag, als Wächter zu wirken. Nicht vergessen sollten Sie, Ihre Pflanzen gut zu pflegen und sich auch immer wieder für ihre Dienste zu bedanken.

Eine starke Energiepflanze ist die *Bougainvillea*. Sie wirkt ungeheuer stärkend, braucht allerdings einen sonnigen Platz, um sich gut zu entwickeln und mit ihrer Blütenpracht zu betören. Haben Sie die Voraussetzungen für diese Pflanze, können Sie sie in einem Bogen über der Tür wachsen lassen. Durch diesen Durchschlupf, diese Grenze von Innen und Außen, muss jeder hindurch, der ins Haus will. Hier wird alles abgestreift, was an negativen Energien dabei ist. Das gilt für Sie selbst natürlich genauso, wenn Sie geladen von der Arbeit oder vom Einkaufen heimkommen.

Belebend und vor allem harmonisierend wirkt die *Kentia-Palme*. Sie vermag tatsächlich schlechte Absichten zu zerstreuen. Allerdings braucht sie viel Platz, ist daher nur für großzügige Eingangsbereiche geeignet.

Mit weniger Platz kommt die *Jakobinie* aus, ein Bäumchen mit gelben, rosa oder orangen Blüten. Und auch sie besitzt die hervorragende Eigenschaft, die Energien ihrer Umgebung auszugleichen und die Stimmung insgesamt freundlicher zu machen. Ein schönes Gefühl, wenn gleich beim Nachhausekommen der ganze Stress des Tages von einem abfallen kann.

Eine sehr feine Energie, die viel Liebe enthält, strahlen *Rosen* aus. Wer Rosen am Eingang pflanzt, nimmt jedes Mal, wenn er daran vorbeigeht, etwas von ihrer sanften und liebevollen Stimmung in sich auf.

Angriffslustig und abwehrbereit steht dagegen die *Yucca* da. Auf Grund dieser Eigenschaft ist sie im Feng Shui ein wenig in Verruf gekommen. Trotzdem ist sie bereit, ihre Fähigkeiten zur Abwehr auch für uns einzusetzen. Wir können uns also gut für eine Yucca entscheiden, die eine starke Schutzkraft auf unsere Eingangstür übernimmt.

Als Wächter zu beiden Seiten des Eingangs dienen gerne auch die *Kokospalmen*. Sie geben einen kräftigen Energiestrom nach oben ab, der introvertierte Menschen dazu anreizt, ihre Gefühle besser auszudrücken. Insgesamt verbreiten die Kokospalmen viel Freude.

Sehr fröhlich und lebendig macht auch ein *Hibiskusstrauch* vor dem Eingang. Er fördert, vor allem, wenn er gerade blüht, die Kontaktbereitschaft.

Wollen Sie eine ganze Hausseite mit Schutz versehen, lassen Sie *Efeu* an einem Spalier über die Wände klettern. Er wirkt wie ein starker Schutzschild, fängt die Energiepfeile von anderen Gebäuden gekonnt auf und neutralisiert sie. Außerdem erlaubt er es nicht, dass eigene spitze Winkel und Kanten auf andere Häuser abstrahlen.

Ein guter Schutz lässt sich ganz wunderbar auch mit **Steinen** herstellen. Steine, insbesondere Feld- und Kieselsteine, drücken Stabilität und Dauerhaftigkeit aus, sind also ein kraftvolles Symbol, um die Unruhe, die ein Eingangsbereich oftmals ausstrahlt, zu verfestigen. Mit Edelsteinen kann die gesamte Diele zudem mit feiner Energie aufgeladen werden.

Die „normalen" Steine können Sie selbst finden. Gehen Sie in der Natur spazieren, schauen Sie an Bächen und Flüssen oder in den Bergen. Manchmal hält auch der eigene Garten einen besonderen Stein für seine Bewohner bereit. Vertrauen Sie darauf: Ihr persönlicher Stein wird Sie ansprechen, meist, indem er Ihnen einfach auffällt. Er unterscheidet sich durch Farbe, Form oder Größe von den anderen Steinen, er scheint Sie anzuschauen. Heben Sie ihn auf, halten Sie ihn in der Hand und spüren Sie nach, ob Sie sich mit ihm wohlfühlen und ob er zum Schutz und Aufbau Ihres Eingangsbereiches mit beitragen will.

Ähnlich können Sie bei den Edelsteinen vorgehen, die Sie ja üblicherweise im Laden kaufen werden und nur selten selbst schürfen. Der *Amethyst* vermag unsere positivsten Eigenschaften hervorzukehren beziehungsweise die negativen umzuwandeln. Seine violette Farbe bildet einen starken Schutzmantel, der die gesamte Umgebung mit einbezieht. Auch die Klarheit einer *Bergkristallgruppe* kann sehr gut als ausgleichendes Element eingesetzt werden. Wer auch immer bei Ihnen zur Tür hereinkommt – er wird empfangen mit Frieden und Ruhe. Noch liebevoller zeigt sich der *Rhodochrosit*. Seine meist rosa Farbe öffnet uns für die Gefühle.

Eine andere Schutzmöglichkeit, die auf uralten Erinnerungen basiert, ist, sich durch **Töne** und **Klänge** warnen zu lassen. Montieren Sie zusätzlich zur Klingel oberhalb der Eingangstür ein *Klangspiel*. Nun können Sie nicht mehr überrascht werden. Alle Besucher werden freundlich angekündigt. Die sanften Töne eines Klangspiels zerstreuen nämlich beim Hereinkommen eine zu starke gerichtete Energie. Wer mit negativen Gedanken und Gefühlen den Raum betritt, wird augenblicklich freundlicher gestimmt. Der Klang meldet Gäste an und versetzt sie in die richtige Schwingung. Wenn Sie selbst nach Hause kommen, werden Sie ebenfalls von diesem Klang empfangen, der als Symbol für Ihr Haus stehen kann. Hören Sie sich verschiedene Klänge an, es gibt neben den Metallröhren auch schöne Klangspiele aus Bambus und Holz. Diese tönen etwas weicher und leiser. Bei den Metall-Klangspielen werden solche mit Planetenenergien angeboten. Sofern Sie damit ein bisschen vertraut sind, ist dies eine gute Möglichkeit, eine bestimmte Schwingung als Eigenklang für Ihr Haus zu wählen. Erde heißt Verwurzelung und Ausgleich, Venus erhöht die Schwingungen der Liebe, Mars gibt Antriebskraft und Aktivität, Merkur fördert die Gedankenkräfte, Jupiter bringt Wohlstand und Glück, Saturn schafft Sicherheit.

Der Eingang – Das Tor zwischen Außenwelt und Ihrer eigenen Welt

Erinnern Sie sich, wie es war, als Sie das Haus besichtigt haben? Oder sind Sie bereits dort aufgewachsen? Wie auch immer – spielen Sie Besucher! Gehen Sie zu Ihrem Haus, als sähen Sie es zum ersten Mal, aufmerksam und neugierig. Fällt Ihnen erst einmal nur die Wohnung des Autos ins Auge, die Garage? Ist die Eingangstür leicht zu finden oder liegt sie versteckt? Dann wäre ein Schild angebracht oder ein Pfeil, der in die richtige Richtung zeigt, die Energie sozusagen lenkt. Können Sie den Weg dorthin neu gestalten, wählen Sie Bodenplatten, die durch Farbe und Form auf den richtigen Weg aufmerksam machen.

Achten Sie auch auf den Zugang zu Ihrem Haus. Dieser darf nicht behindert sein. Steht ein Baum oder ein Lichtmast zu nahe an der Tür, so kann dies störend und bedrohlich auf die Bewohner wirken. Genauso unangenehm empfindet unser Unterbewusstsein scharfe Kanten, die von einem anderen Gebäude auf den Eingang weisen.

Mit einem Baum können Sie reden, der ist immerhin ein Lebewesen. Machen Sie sich den Baum zum Freund, sagen Sie ihm, dass Sie sich wünschen, dass er Sie und Ihr Haus schützt, schenken Sie ihm gelegentlich eine Gabe Wasser oder Dünger. Dann wird er Sie in Ihrem Fortkommen auch nicht behindern, sondern Ihnen im Gegenteil Ideen geben, welche Richtung Sie einschlagen sollen.

Ein Lichtmast aber bleibt ein Lichtmast. Auch die Kanten anderer Gebäude können Sie nicht abrunden. Stellen Sie in diesem Fall **Wächter** zu beiden Seiten des Eingangs auf: Kräftige Pflanzen oder, wenn Sie es gewaltiger haben wollen, auch steinerne Löwen, wie sie früher bei Schlössern und offiziellen Gebäuden üblich waren. Die Wirkung der „Wächter" verstärkt sich übrigens, wenn diese zum Stil Ihres Hauses passen. Barocke Löwen und ein schnörkelloses 70er-Jahre-Haus vertragen sich nur in Ausnahmefällen.

Auch bei der Auswahl der „Wächter" spielt es grundsätzlich keine Rolle, ob die Symbole aus Ihrer eigenen Kultur entnommen sind oder aus einer fremden. Aber Sie persönlich müssen etwas damit anfangen können, Sie sollten nachvollziehen können, warum eine bestimmte Figur ein guter Schutz sein soll. Würden Sie etwa auf Grund einer misslungenen Safari Löwen als Bedrohung empfinden, sollten Sie die besser nicht verwenden. Dann wäre ein Hirsch sinnvoller, der in unserer Kultur für Kraft und Größe steht. Das klassische Feng Shui empfiehlt übrigens Drachen und Schildkröten, weil diese Tiere in China starken Schutz symbolisieren. Können Sie das nachempfinden, haben auch diese Symbole Sinn für Sie.

Früher galten **Spiegel** als ein bisschen unheimlich, zählen sie doch in vielen Märchen und Mythen zum Handwerkszeug von Zauberern. Heutzutage werden sie uns gewiss keine Furcht mehr einflößen, sondern, richtig platziert, viel zu unserem Wohlbefinden und Gefühl der Sicherheit beitragen. Eine magische Kraft haben sie dennoch – es ist wichtig zu wissen, wie man sie einsetzt. Nicht zuletzt aus dem Feng Shui wissen wir, dass nach außen gewölbte Spiegelflächen negative Energien zerstreuen. Der Grund ist, dass das Objekt, das gespiegelt wird, nicht direkt abgebildet, sondern durch die Rundung der Spiegelfläche verändert wird. Abgerundet, damit sanft gemacht, verliert der aufprallende Energiestrom gewaltig an Kraft und Wucht, und damit an Bedrohung.

Ein an der Eingangstür angebrachter Türklopfer aus Messing, der eine nach außen gewölbte spiegelnde Fläche aufweist, wäre also für diesen Zweck ideal. Oder Sie hängen einen runden, nach außen gewölbten Spiegel mitten an die Tür, es kann auch ein spiegelndes Türschild aus Messing sein. Auch Rosenkugeln, die Sie neben der Gartenpforte oder in Blumentöpfen neben der Wohnungstür aufstellen, haben dieselbe Wirkung: Die Störenergie wird durch die Wölbung aufgeweicht und unwirksam gemacht.

Bewohnen Sie ein Mehrfamilienhaus, haben Sie auf den Außenbereich vermutlich wenig Einfluss. Dann hilft nur, als Eingang Ihre eigene Wohnungstür zu definieren. Hier ist der Schnitt von der Außenwelt zur Innenwelt, und hier können Sie durchaus etwas gestalten. Und sei es auf der Innenseite. Das kann Ihnen wirklich keiner nehmen. Eine klare **Grenze** lässt sich ziehen, indem Sie Ihre Schwelle markieren. Malen oder kleben Sie eine Linie auf den Fußboden beziehungsweise die Türschwelle auf. Ein schmaler Streifen unter der Tür genügt schon.

Die Diele – eine Schleuse
zwischen Innen und Außen

„Wer vom Ziel nichts weiß, kann den Weg nicht finden."
(Christian Morgenstern)

Was wäre Ihnen lieber, wenn Sie die Wahl hätten: Ein heller, großzügiger Eingangsbereich oder ein enger, schlecht ausgeleuchteter Flur, der Sie schlagartig in düstere Stimmung versetzt? Keine Frage! Ersteres natürlich. Jeder wird doch gerne mit Freundlichkeit empfangen, sollte man zumindest meinen. Warum nur gibt es dann so viele Flure und Dielen, die zum Davonlaufen sind? Oftmals werden Dielen und Flure schon ohne natürlichen Lichteinfall geplant. Als wäre ein Fenster hier gänzlich unwichtig. Dabei dienen gerade diese „Zwischenräume" als wichtige Verbindung von Ihrer privaten Welt zur Außenwelt und sollten nicht vernachlässigt werden.

Nun lassen sich kleine, dunkle Flure zwar meist nicht größer machen, aber Sie können immer für eine gute Beleuchtung sorgen und mit einem großen Spiegel dem Raum mehr Weite geben. Unterschätzen Sie aber nicht die Macht der Gewohnheit! Viele Menschen halten Licht in diesem „Durchgangsbereich" nicht für notwendig, weil sie ja doch gleich ins nächste Zimmer gehen. Wozu dann Energie verschwenden! Ob sie da nicht am falschen Platz sparen? Seien es fiese Thriller oder Krimis, die in unsere Köpfen herumspuken, oder Ängste, die noch aus der Kindheit stammen – düstere Flure bringen die meisten Menschen, ohne sich dessen bewusst zu werden, schnell hinter sich. Aber warum sich dieser „Gefahr" aussetzen, wenn es doch die segensreiche Erfindung von elektrischem Licht gibt? Glühlampen brauchen nur sehr wenig Strom, die Wirkung des Lichts auf die Psyche ist dagegen unbezahlbar.

Wichtige **Farben**, die Ihrem Eingangsbereich auf die Beine helfen, sind *Rot* und *Schwarz*. Nicht beide zusammen, sondern eine von beiden. Das soll nicht heißen, dass Sie Ihren Flur komplett in Schwarz oder in flammendes Rot tauchen sollen. Nur als bewusst gesetzte Akzente wählen Sie eine dieser beiden Farben, denn beides sind sehr starke Farben. Keine Farbe aktiviert in solchem Maße unsere Lebensgeister, unsere physische Kraft und Lebenslust wie die Farbe Rot. Schwarz hingegen ist in der Lage, Stille zu vermitteln. Schwarz saugt alles auf und bringt Stabilität und Kontur in einen Raum. Entscheiden Sie sich für Rot, wenn Sie und Ihre Familie eher antriebslos und introvertiert sind. Wenn Sie wenig Lust haben, etwas zu unternehmen, nicht gerne aus dem Haus gehen, und beim Heimkommen als Erstes das Sofa ansteuern, dann schenkt Rot Ihnen Kraft. Entscheiden Sie sich für Schwarz als Akzent, wenn Sie sich oftmals unruhig und nervös fühlen und Sie vor lauter Aktivitäten gar nicht mehr wissen, wo Ihnen der Kopf steht. Wenn Sie sich häufig verzetteln, Termine vergessen, Abfahrtszeiten verschusseln oder den Hausschlüssel nicht finden, bringen Sie mit Schwarz Ruhe in Ihr Zuhause.

Mit Licht und Farben haben Sie schon zwei wichtige Punkte abgedeckt. Doch gehen Sie weiter in der Gestaltung Ihres Eingangsbereichs. Machen Sie vorsichtshalber dieselbe Übung wie schon im Außenbereich: Gehen Sie in Ihr Haus, als wäre es das erste Mal. Achten Sie auf jedes Gefühl, auf jede noch so kleine Empfindung. Machen Sie jeden Handgriff bewusst. Ein Beispiel: Sie öffnen die Tür und werden unsanft von der Wand gebremst, oder Sie müssen sich umständlich um den Türflügel herumwinden, um in Ihr Haus zu gelangen. Das ist keine schöne Begrüßung. Wenn Sie jeden Tag beim Nachhausekommen solch einen Hammer abbekommen, wird Ihre Psyche über kurz oder lang darunter leiden. Wenn Sie täglich von einer Mauer begrüßt werden, verinnerlichen Sie dies irgendwann und lassen sich auch in Ihrem Leben hemmen. Denn wer kann schon frei in die Zukunft planen, wenn er jeden Tag von einer Wand empfangen wird. Das Gefühl setzt sich fest, ständig gegen Barrieren anrennen zu müssen. Es braucht sehr viel Kraft, diese Blockierung tagtäglich auszugleichen, Kraft, die Sie besser woanders verwenden.

Die beste, weil direkteste Lösung ist, die Tür umzusetzen, sie also in die andere Richtung aufschlagen zu lassen. Das ist aber meist mit erheblichem baulichen Aufwand verbunden, der sich nicht lohnt, wenn Sie dieses Zuhause nur kurzfristig bewohnen. Trotzdem sollten Sie sich dann nicht damit abfinden, jeden Tag diese Barriere überwinden zu müssen. Falls es nicht möglich ist, die Scharniere zu versetzen, können Sie sich immer noch mit Symbolen behelfen. Platzieren Sie genau an diese Wand, gegen die Sie laufen, ein wirklich großes Bild oder ein Poster. Darauf sollte eine weite Landschaft abgebildet sein, eine Landschaft, die einlädt und Raum gibt. Daneben kann ein Spiegel hängen, der optisch den Flur erweitert und damit Großzügigkeit vermittelt. Sie müssen das Gefühl haben, dass Sie frei durchatmen können. Ein Klangspiel, das beim Öffnen der Tür angeschlagen wird, wird zudem die eingeengte Aufmerksamkeit nach oben lenken.

Wichtig ist dann ein kleiner Platz, an dem Sie sich kurz sammeln können, eben ankommen. Stopfen Sie den Flur nicht mit Schuhen, Kleidern und Kleinmöbeln voll, schon gar nicht mit einem viel zu großen Schrank. Sie müssen nicht alle Jacken und Mäntel zeitgleich griffbereit haben, das ist eine Sache der Organisation. Sortieren Sie lieber gelegentlich aus und schaffen Sie sich hier etwas Raum. Fantasie lässt sich nicht dadurch entwickeln, dass man im Gerümpel erstickt. Gewöhnen Sie sich an, dass jedes Familienmitglied nur immer ein einziges Paar Schuhe offen stehen lässt, die anderen werden ordentlich in den Schrank geräumt. Auch eine Jacke pro Person genügt. Eine überfüllte Garderobe ist Ballast fürs Auge, sie zeigt Überlastung an und nicht, dass man sich viele Kleidungsstücke leisten kann.

Betonen Sie diesen Ort des Ankommens durch einen kleinen Teppich. Auch durch die Anordnung der Fliesen, vielleicht durch ein kleines Bodenmosaik, können Sie sich solch einen Platz herstellen. Dieser kleine Raum, den Sie sich bewusst für das Ankommen frei halten, schafft auch den nötigen Abstand zu Treppen, die viel zu nahe an die Haustür gebaut sind. Es stresst einfach, täglich beim Eintreten beinahe den Kellerabgang hinunterzufallen oder stets einen mühsamen Aufstieg vor sich zu sehen. Durch Ihren besonderen „Ankommensplatz" aber schotten Sie sich von diesen Einflüssen ab.

Ist die Treppe allerdings gefährlich nahe an den Eingang gebaut, müssen Sie sich etwas mehr einfallen lassen. Denn eine Treppe, die, aus dem Obergeschoss kommend, direkt auf den Hauseingang zuläuft, bremst Sie beim Nachhausekommen unsanft ab. Ihre Energie wird beim Hereintreten wie von einer Wand zurückgeworfen. Beim Herunterlaufen konzentriert sich der Energieschub auf die Tür, und wie durch eine Zielscheibe schießt die Kraft nach draußen. Eine Treppe hingegen, die vom Eingang aus nach unten abgeht, saugt die Energie ab, und die Energie rasselt in den Keller. Das alles schwächt. Sie brauchen die Energie in der Wohnung, dort, wo Sie leben! Sie erinnern sich: Die Energie folgt dem Blick.

Somit gilt es, den Energiestrom aufzuhalten. Eine bauliche Maßnahme wäre, einen Windfang vorzusetzen, um einen größeren Eingangbereich zu schaffen. Das wird aber selbst bei einem eigenen Haus nicht immer machbar sein. Fast immer in solchen Fällen werden Sie in die Trickkiste der Symbolwelt greifen müssen. Wirksam sind diese Möglichkeiten schließlich auch. So können Sie einen leichten *Bambus*- oder *Muschelvorhang* im Bereich zwischen der Treppe und der Eingangstür aufhängen. Der Blick und damit die Energie wird durch den Vorhang aufgefangen, aber nicht so stark gebremst wie bei einem dichten Material. Auch ein *Klangspiel* ist hier hilfreich, da es sowohl durch seine Optik als auch durch seine Töne die Aufmerksamkeit auf sich zieht. Falls Sie einen kräftigen Geländerpfosten haben, können Sie ihn mit einer kraftvollen *Figur* bestücken und zum Wächter ernennen. Ebenso bremst ein quer gelegter kleiner *Teppich* am Fuß der Treppe den Energiefluss. Vor allem, wenn er quietschbunt oder mit einem kräftigen Muster versehen ist, wird er seinen Dienst tun. Ein großer *Stein* wirkt ebenfalls Wunder. Natürlich sollte der nicht als Stolperfalle mitten in den Weg gelegt werden. An den Fuß der Treppe gelegt oder, falls sie breit genug sind, auf eine der ersten drei Stufen, wirkt er mächtig genug, um den Blick auf sich zu lenken. Nur darum geht es!

Gerne Treppensteigen – wie geht das?

Treppensteigen ist für die meisten Menschen mit Anstrengung verbunden. Nur wenige sehen darin eine willkommene Möglichkeit, die eingerosteten Glieder etwas zu bewegen. Wobei das eine Sache der Einstellung ist. Es ist ein gutes Gedankentraining, Treppen bewusst gerne zu besteigen, im Wissen darum, dem Körper etwas Gutes zu tun. Diese Auffassung lässt sich ausdehnen: Im Laufe der Zeit werden Sie auch andere Hindernisse im Leben als willkommenes Training ansehen und nicht mehr als unüberwindbare Hürde. Diese neu gewonnene Einstellung wird Sie nicht nur beruflich nach vorne katapultieren. Und es geht fast automatisch – mit solch einer kleinen Übung lässt sich ein wunderbarer Anfang machen!

Eine Treppe, die mit sanftem Schwung nach oben oder unten führt, wirkt dennoch zweifellos einladender als eine lange, steile Stiege. In bestehenden Bauten muss man aber nehmen, was da ist. Den Lauf einer Treppe zu ändern ist mit großen Umbauarbeiten verbunden. Durch entsprechende Gestaltung des Treppenaufgangs lässt sich aber einiges wieder gut machen. So wecken zum Beispiel stufenförmig angeordnete Bilder das Interesse, sie geleiten den Betrachter nach oben und lassen auch bei engen, steilen Treppen die Anstrengung etwas in Vergessenheit geraten. Auch eine Wandbemalung wäre möglich oder, wenn das Licht dazu ausreicht, eine witzige Bepflanzung – wie etwa eine Sammlung von Mini-Kakteen, die auf kleinen Simsen angeordnet werden. Die Stacheln geben in diesem Fall zusätzliche Power, stacheln förmlich an, den Aufstieg zu packen. Doch welche Form der Dekoration auch gewählt wird, der Zweck ist immer derselbe: Der Blick, und damit die Aufmerksamkeit, soll abgelenkt werden von der Steilheit der Treppe. Weiter hilft natürlich auch hier eine gute Beleuchtung. Im Licht zu gehen macht doch gleich mehr Freude, als im Dunkeln zu tappen.

Dann sollten Sie sich die Art der Treppenstufen einmal genauer anschauen. Sind die Setzstufen (so heißen die senkrechten Abstände zwischen den Trittstufen) geschlossen oder offen? Offene Treppen werden gerne gewählt, weil sie nicht so massiv wirken wie geschlossene Treppen. Aber sie lassen ein Gefühl der Unsicherheit aufkommen, je höher man steigt. Selbst wenn die Abstände nie groß genug sind, dass man selbst durchfallen könnte, so keimen doch im Unterbewusstsein Warnungen vor Gefahren auf: Ein Schuh könnte durchrutschen, ein Fuß sich einklemmen und so weiter. Dafür ist unser Unterbewusstsein da – uns auf latente Gefahren aufmerksam zu machen und damit unser Alarmsystem in Bereitschaft zu halten. Das kostet aber wieder Kraft und von entspanntem Treppensteigen ist hier keine Spur mehr zu finden, da viel zu viel Energie verloren geht.

Noch weit stärker „absaugend" wirken offene Treppen mit Trittstufen aus Stahlrosten, die den Blick nach unten völlig freigeben. Optisch kann das durchaus reizvoll sein, doch der Haken dabei ist, dass bei solchen Treppen nur noch ein Bruchteil der Energie oben ankommt. Das meiste fällt einfach durch die Lücken. Die Folge: Das Treppensteigen wird anstrengend, man geht nicht gerne nach oben und kommt müde an. Handelt es sich um Treppen, die zu einem wichtigen Teil des Hauses führen, sollten Sie sie, wenn irgend möglich, auswechseln oder zumindest die Zwischenräume mit einem passenden Material verkleiden oder die Unterseite mit Stoff bespannen. Ist der Platz unter der Treppe frei, so können Sie auch eine robuste Pflanze mit breiten, dunklen Blättern darunter stellen. Sie wird die abfließende Energie auffangen. Die Wirkung als „Schutz" ist allerdings nicht so intensiv wie bei einer kompletten Verkleidung, denn Ihr Unterbewusstsein weiß auch, dass eine Pflanze einen fallenden Gegenstand nur abbremsen, aber nicht auffangen kann.

Als Begleiter auf Ihrem Weg nach oben und unten sind Pflanzen jedoch immer willkommen, egal, wie Ihre Treppe gestaltet ist. Entscheiden Sie sich aber nur dafür, wenn Sie auch den Raum dazu haben. Engen Sie einander ein, verursachen Sie der Pflanze und sich selbst Stress.

Haben Sie genügend Raum, so stellen Sie Pflanzen auf die Stufen. Denken Sie aber daran, dass Sie mit Ihren **Pflanzen** im Treppenhaus nicht viel Zeit verbringen werden, sondern einander immer nur im Vorübergehen sehen. Eine intensive Beziehung, wie mit einem Blumenstock am Arbeitsplatz, wird hier nicht möglich sein. Es darf sich also nicht um ein Mimöschen handeln, das viel Zuwendung benötigt, sondern es sollte ein robustes

Gewächs sein. Gerade wenn die Treppe von verschiedenen Menschen genutzt wird, sollte die Pflanze in der Lage sein, die unterschiedlichsten Energien aufzunehmen und zu harmonisieren. Davon gibt es aber doch einige: Eine *Strahlenaralie* verbessert die Laune, ein *Bogenhanf* macht selbstbewusst und aktiv, der *Philodendron* und der *Efeu* beleben. Alle diese Pflanzen geben Schwung, was das Treppensteigen gleich leichter fallen lässt. Man ermüdet nicht so schnell, auch wenn man zum x-ten Mal aus dem oberen Stockwerk etwas holen muss.

Und wenn Sie dann noch die anfangs erwähnte Übung verinnerlicht haben, dass das Treppensteigen Spaß machen kann, so wird der Anblick einer Steigung in Kürze in Ihnen nicht mehr ein Gefühl der Schwere aufkommen lassen und der Anblick eines Abhangs nicht die Ängste vor dem tiefen Sturz. Treppen, und im übertragenen Sinn die Wellenbewegungen im Leben, lassen sich mit etwas Training und Augenzwinkern auch genießen.

Die Küche – hier werden die Grundlagen der Gesundheit gelegt

*„Widme dich der Liebe und dem Kochen
mit wagemutiger Sorglosigkeit."*
(Dalai Lama)

Küche und Gesundheit, das sind zwei Themen, die eng miteinander verbunden sind. Das Essen hält den Menschen am Leben, es kräftigt den Körper. Dass es auch die geistige Konzentrationsfähigkeit fördern und den seelischen Zustand eines Menschen ausgleichen kann, ist längst kein Geheimnis mehr. Gesunde Lebensmittel einzukaufen und sie richtig zuzubereiten ist eine Seite. Das andere ist die Freude am Kochen – und damit das Energieniveau des Essens – durch eine aufbauend gestaltete Umgebung.

Ja, wer mit Liebe kocht, kann sogar aus müden Supermarktlebensmitteln noch eine hohe Qualität herausholen! Dazu braucht es vor allem eines: Gute Laune. Ärger und Groll müssen draußen bleiben. Beim Kochen ist kein Platz für Schimpfen und Jammern. Was Sie denken und sagen, das alles ist Teil Ihrer Energie, die Sie mit in Ihre Speisen rühren. Könnten Sie das Gift der Gedanken und Worte sehen, würden Sie Ihr Werk vermutlich nicht mehr essen wollen. Natürlich ist keiner die ganze Zeit gut drauf, aber wir sind erwachsen genug, dass es im Normalfall gelingen kann, den Grauschleier abzustreifen und die schädlichen Gedanken wegzujagen. Und wenn wir uns erst einstimmen müssen, indem wir ein fröhliches Lied anstimmen, einen Wiener Walzer auflegen oder einen fetzigen Rock 'n' Roll – na gut, dann eben so!

Wie bei allem, so gilt beim Kochen ganz besonders: Tun Sie das, was Sie tun, ganz. Mit ganzem Herzen, mit all Ihrer Liebe und Kraft. Legen Sie alles hinein, was Sie geben können, all Ihr Licht, Ihre Leidenschaft. Das Ergebnis, ob es sich um ein Essen handelt oder um eine Arbeit, die anzufertigen ist, kann sich dann auf jeden Fall sehen lassen.

Die „Kochkabinen", die in den 70er und 80er Jahren als das Nonplusultra angepriesen wurden, haben sich Gott sei Dank inzwischen wieder überlebt. Warum? Weil sie keiner mag. Ob Mann oder Frau – wer dort arbeitete, war weg vom Geschehen und für sich allein in einer Umgebung, die nur nach Arbeit rief und keine Möglichkeit ließ, Atmosphäre hereinzubringen. Schön langsam wird die Küche heutzutage wieder das, was sie sein sollte: Einer der wichtigsten Räume eines Hauses. Die Nahrungszubereitung und das Essen sind eben keine lästige Notwendigkeit, sondern tragen zu Gesundheit und Lebensqualität bei. Dieser Stellenwert wird noch unterstrichen, indem die Küche auch im Zuschnitt der gesamten Wohnung wieder einen bedeutenden Raum einnehmen darf.

Sehen Sie zu, dass Sie es ermöglichen, in der Küche miteinander zu reden. Beim Gemüseputzen oder Cremerühren kann man wunderbar erzählen und lachen. Schaffen Sie Sitzplätze für mindestens zwei Personen. Noch idealer wäre es, eine große Küche zu haben, in der mehrere Leute zusammensitzen und essen können. Dann könnte die Küche wieder das werden, was sie auch früher schon war: Ein Treffpunkt für Jung und Alt. Kinder sind hier willkommen, Nachbarn und Freunde dürfen unangemeldet hereinschneien, Partygäste können hier einen Plausch halten – meist suchen auch alle irgendetwas zu naschen. Mit kleinen Leckereien wie Nüssen, einem Stück Gurke, Karotten oder etwas Käse halten Sie Ihre Küchengäste bei Laune. In einer Küche ist eben alles weniger förmlich und insgesamt erfreulich unkompliziert.

So sehr Sie es sich auch vornehmen, in Zukunft nur noch in bester Stimmung mit dem Kochen zu beginnen – Sie werden sich doch wieder dabei ertappen, dass Sie beim Gemüsehacken böse Gedanken an Chef oder Mitarbeiter hegen, auf den Partner oder eine Freundin sauer sind oder sich über die Kinder ärgern. Wissen Sie was? Das macht nichts. Wirklich! Sie brauchen nur das eine zu tun: Jedes Mal, wenn Sie merken, dass Sie sich mit solchen vergiftenden Themen aufhalten, stoppen Sie sich und schieben Sie diese Gedanken energisch beiseite. Das hat später auch noch Zeit. Sagen Sie sich selbst zu, sofort nach dem Spülen darüber nachzudenken, nur jetzt nicht, weil Sie doch jetzt kochen. Wer weiß, vielleicht haben Sie später gar keine Lust mehr zum Grübeln. Macht nichts, oder? Mit der Zeit werden Sie immer besser darin,

Ihre Gedanken zu beobachten und zu steuern. Sie werden nicht mehr gedacht, Sie denken selbst.

Dazu gibt es eine ganze Menge an Helfern, die Sie in Anspruch nehmen dürfen. Glauben Sie nicht, die ganze Kraft müsste aus Ihnen selbst kommen. Die Welt ist reich, nutzen Sie ihre Schätze! Da sind zum einen die **Pflanzen**. Vor allem die *Kräuter* spielen in der Küche eine wichtige Rolle, denn mit Kräutern senden Sie das Signal „Gesundheit" aus. Hängen Sie Kräuterbüschel zum Trocknen an die Wand und stellen Sie Töpfe mit frischen Kräutern ans Fensterbrett. Pflanzen Sie unsere alten Hauskräuter wie Petersilie und Schnittlauch oder die aus südlichen Ländern bekannten Kräuter Basilikum, Rosmarin und Thymian. Aber versuchen Sie auch einmal, die herzstärkende Bibernelle, den Vitamin-C-haltigen Kerbel oder die gute-Laune-fördernde Melisse zu züchten. Ergänzen können Sie Ihr Ensemble mit ein paar bunten Blümchen. Einfach so, nur aus Freude. Wer sich oft müde und schlapp fühlt und sich immer wieder zum „Küchendienst" aufraffen muss, kann sich vom *Zierpfeffer* helfen lassen. Mit seinen bunten Früchten wirkt er wie ein kräftiger Energiekatalysator. Wer sich dagegen sowieso an der Obergrenze aufhält, sollte seinen Zierpfeffer allerdings lieber verschenken oder ihn gleich im Blumenladen lassen.

Nicht vergessen sollten Sie den *Salbei*, er vermag böse Geister zu vertreiben, und dazu zählen auch die schlechten Gedanken. Einen getrockneten Salbeizweig angezündet, schnell die Flamme gelöscht und mit den rauchenden Blättern kurz durch die Küche gewedelt, wirkt wahre Wunder. Den Rest Ihres Salbeizweigs können Sie in der Spüle ausdampfen lassen oder unter fließendem Wasser gründlich löschen. Solch eine kleine Räucherung lässt sich mit wenig Aufwand einfach mal zwischendurch machen.

Wer sich zu **Steinen** hingezogen fühlt, wird auch in einer noch so kleinen Küche ein Eckchen für seine „Steinfreunde" finden, sei es im Gewürzregal oder auf der Fensterbank zwischen den Blumen und Kräutern.

Wer das Kochen und Spülen eher hektisch erlebt, kann sich mit einem *Mondstein* beruhigen. Dieser milchige, helle Stein lässt die rechte Gehirnhälfte in den Vordergrund treten, die ja unsere Intuition fördert. Freuen Sie sich auf fantasievoll gekochte Gerichte!

Viel Fröhlichkeit vermittelt der *Olivin*. Der grünliche, durchscheinende Stein lindert Nervosität, vertreibt die negativen Gefühle, und die Lebensfreude kann Einzug halten.

Sie können sich auch von anderen Steinen anregen lassen. Nehmen Sie Steine, die den Gemeinschaftssinn und die Gesundheit fördern und das Körperbewusstsein stärken. Es müssen übrigens nicht unbedingt Edelsteine sein. Wenn Sie bei einem Spaziergang einen *Kiesel* finden, der Sie besonders anspricht und den Sie gerne in Ihrer Küche hätten – warum nicht? Vertrauen Sie Ihrer Intuition. Suchen Sie irgendeine kleine unbenutzte Ablage in Ihrer Küche. Wie wäre es, hier einen Stein hinzulegen, der von Ihnen mit einer besonderen Botschaft aufgeladen wird, vielleicht mit den Worten „Gesundheit" und „Wohlbefinden"?

Ein weiteres Geschenk der Natur sind die **Düfte**. Nun durchziehen ja eine Küche sowieso die verschiedensten Gerüche, mal mehr oder weniger angenehm, je nachdem, ob gerade Kuchen und Pudding oder Fisch und Kraut zubereitet werden. Beim Kochen sollte ausschließlich das Essen duften dürfen. Das ist es doch, was Appetit macht! Zusätzliche Düfte würden wirklich stören. Später aber, wenn alles aufgeräumt und der Raum gelüftet ist, können Sie mit fruchtigen Düften wie *Zitronengras*, *Zitrone* und *Orange* die Luft zusätzlich erfrischen. Zitronengrasöl wirkt desinfizierend und erfrischend, Zitronenöl in ähnlicher Weise und schickt zusätzlich die Gedanken in eine helle, freundliche Richtung. Noch wärmender und sanfter, aber ebenso reinigend und heiter, wirkt das Orangenöl.

Wunderbar verbinden lassen sich die Duftöle mit ein paar Tropfen **Bachblüten**. Ausgezeichnet für die Anwendung in der Küche geeignet ist zum Beispiel *Chicory*, zu Deutsch Wegwarte, die Nr. 8 aus Bachs wunderbaren Blütenessenzen. *Chicory* hat von seiner Wirkung her mit Mütterlichkeit und Mutterproblematik zu tun. Da die Versorgung mit Nahrung traditionell eine mütterliche Tätigkeit ist, spielt es keine Rolle, ob nun Mann oder Frau in der Küche tätig ist, dieses Grundthema trifft den, der die Arbeit ausführt. Mit *Chicory* lässt sich lernen, dass jeder das Recht auf das Genährtwerden hat, aber auch jeder für sich selbst verantwortlich ist, niemand die Übermutter sein muss und trotzdem eine liebevolle Ausstrahlung haben kann. Das eine darf und kann vom anderen getrennt werden.

Sowohl von den Blütenessenzen als auch von den Duftölen können Sie jeweils ein paar Tropfen in einen Zerstäuber geben und damit nach „Feierabend" kurz in jede Richtung des Raums sprühen. Das ist für die Küche viel praktischer als ein Duftlämpchen. Dessen trauliche Kerzenatmosphäre ist geeigneter für Räume, in denen die Ruhe gepflegt wird.

Wenn Sie dennoch auf **Kerzenschein** auch in der Küche nicht verzichten wollen, dann schaffen Sie sich einen Platz, an dem die Kerze einen sicheren Stand hat und Sie bei Ihrem Arbeitsablauf nicht stört. Zünden Sie eine *rote Kerze* an, wenn Sie etwas müde sind und trotzdem um die Küchenarbeit nicht herumkommen, denn rote Kerzen aktivieren die Lebenskräfte. Ähnlich wirken *orange Kerzen*, die zudem fröhlich und heiter stimmen und auch das gemeinschaftliche Kochen bestens untermalen. *Weiße Kerzen* heben grundsätzlich die Energie an. Wollen Sie also besonders gesund und heilsam kochen, dann können Sie sich durch eine weiße Kerze in Ihrer Absicht unterstützen lassen. Experimentieren Sie ruhig ein bisschen damit.

Die **Farbe** der Einrichtung lässt sich nicht so leicht austauschen wie Accessoires. Achten Sie bei der Wahl der Küchenschränke vor allem auf eines – auf Ihren Geschmack. Lassen Sie jede Moderichtung beiseite. Wenn Sie gemütliche Landhausmöbel bevorzugen, dann nehmen Sie eine Küche aus Holz und Stein, wenn Sie ein Designfreak sind, Metall und Marmor.

Sind Sie sich unsicher, welche Wandfarbe passt, dann streichen Sie die Wände einfach *weiß*. Klares Weiß strahlt Reinheit und Sauberkeit aus. Das macht die Speisen umso appetitlicher. Möchten Sie es trotzdem gerne einmal etwas bunter versuchen, dann greifen Sie zu Farben, die Lebenskraft und Frische ausstrahlen. Das ist vor allem *Grün*, ein helles Lindgrün zum Beispiel. Grün erinnert an die Frische und Gesundheit der Natur, strahlt Wachstum und Heilung aus.

Als Akzent (aber nur als solcher) eignet sich dazu auch *Rot*. Diese Powerfarbe regt, genau wie das Essen selbst, den Körper und die Lebenskraft an. Rot wird schließlich dem untersten Chakra zugeordnet, das für alles Irdische und Körperliche steht. In der Astrologie wäre der passende **Planet** hierzu *Mars*. Er steht für Lebenskraft und Vitalität und hat außerdem mit Tätigkeiten wie Schneiden und Erhitzen zu tun.

Ein Zuviel an Marsenergie aber bringt die gefährlichen Seiten dieses Planeten zum Vorschein, dann würde die Verletzungsgefahr anwachsen. Das heißt, die Marsfarbe Rot sollten Sie wirklich nur in kleiner Dosierung anwenden. Mars und Rot sollen antreiben, aber nicht übertreiben. Rot in der Küche ist gut geeignet für zögerliche Menschen. Ihnen hilft es dann auch, Entscheidungen zu treffen – zum Beispiel bei der Frage: „Was soll ich eigentlich kochen?".

Sie sehen schon: Es ist nicht viel, was Sie in Ihrer Küche verändern müssen. Hier ein Kräuterbüschel, dort ein

Stein, gelegentlich ein feiner Duft – das war's auch schon. Die Energiewirkung aber ist gewaltig. Erst einmal auf Sie selbst, im Ergebnis dann auf Ihr Umfeld. Denn Sie stehen nun gerne in der Küche. Sie kochen nicht länger zerstreut und genervt und aus einer lästigen Pflichterfüllung heraus, sondern Sie kochen mit Freude und Liebe. Genau danach wird Ihr Essen nun auch schmecken. Und das lohnt sich – egal, ob Sie für sich alleine, für Ihre Familie oder all Ihre Freunde kochen.

Ein Esszimmer –
welch wunderbarer Luxus

„Verantwortlich ist man nicht nur für das, was man tut,
sondern auch für das, was man nicht tut."
(Laotse)

Wer hat schon ein eigenes Esszimmer? Die meisten Wohnungen werden sehr knapp angelegt. Für einen Raum, der ausschließlich zum Essen vorgesehen ist, ist da kein Platz. Meist ist in der Küche eine Essecke eingeplant, manchmal wird ein Teil des Wohnzimmers dazu benutzt. Essen, das geschieht doch sowieso nebenbei. Morgens ein Kaffee und maximal ein Imbiss im Stehen, mittags wird in der Kantine gegessen, abends im Restaurant oder nebenbei beim Fernsehen. Ja, wie wichtig ist uns eigentlich das Essen? Das gemeinsam mit der Familie eingenommene Mahl? Doch da hapert es schon: Die großen Familien haben sich aufgelöst. Es wohnen zwei oder vielleicht noch drei Personen unter einem Dach. Von ihnen hat ein jeder seinen eigenen Lebensrhythmus – wie sollen sich da gemeinsame Zeiten zum Essen finden?

Und trotzdem: Essen und Trinken gehören schließlich zu den Grundbedürfnissen des Menschen. Dem Platz, wo wir das Essen einnehmen, sollten wir daher eine besondere Aufmerksamkeit schenken. Auch wenn wir kein extra Zimmer haben, in dem wir essen. Wo und wie wir essen, ist beileibe nicht gleichgültig!

Immer mehr Menschen essen am liebsten vor dem Computer oder nebenher beim Fernsehen. Vor allem Singles sind dafür anfällig, Essen alleine halten sie für langweilig. Doch auch Paare und Familien gehen immer häufiger dazu über, nebenbei Nachrichten, Krimis oder Daily Soaps laufen zu lassen. Vielleicht möchten sie gar nicht mehr miteinander reden? Ob sie schon einmal darüber nachgedacht haben, was sie da neben der reinen Nahrungsaufnahme an Informationen schlucken? Da ist sicherlich so manch schwer Verdauliches dabei, was der Körper erst einmal verarbeiten muss. Die Gestaltung des Essbereiches wäre bei ihnen wohl besonders überholungsbedürftig.

Natürlich sollten Essen und Trinken nicht zum Mittelpunkt unseres Denkens werden. Trotzdem ist es die Grundlage unserer Existenz und kommt gleich nach dem Atmen. Nur hoch entwickelte Yogis und Asketen vermögen auch ohne Nahrungsaufnahme zu leben. Aber dazu sind jahrelange Meditationen nötig. Wir „Normalos" brauchen nun mal Speisen und Getränke, und zwar regelmäßig. Alle paar Stunden bekommen wir Hunger und Durst. Auch wenn manch gestresster Magen auf einen längeren Zeitraum ohne Essen trainiert ist oder auf schnelle Riegel oder Joghurts zwischendurch. Zumindest einmal, besser zweimal am Tag, wäre eine Mahlzeit, für die wir uns wirklich Zeit nehmen und die wir so richtig genießen, unserer Gesundheit mehr als förderlich.

Der Körper kann nur aus dem bestehen, was wir in ihn

hineinstopfen. Wenn das gute Ware ist (worauf wir übrigens beim Auto wie selbstverständlich achten) und diese liebevoll und dankbar genossen wird, dann kann dieser schlaue Körper die Bestandteile der Nahrung viel besser zerlegen und aufnehmen und somit alle Energie aus ihr herausholen, die er braucht, um gut zu funktionieren. Das wiederum wollen wir alle. Die „Mühe", richtig zu essen, machen sich dennoch immer weniger Menschen. Es muss nicht viel sein, wichtig ist eine gute Qualität. Ein gutes, einfaches Mahl, schön angerichtet und mit Bedacht genossen, macht satt, zufrieden und glücklich.

Sich das Essen nett anzurichten, lohnt sich auch, wenn Sie alleine wohnen. Auch da müssen Sie nicht den Käse aus dem Papier essen und den Salat aus dem Plastikbecher löffeln. Die paar Minuten mehr Zeit und das eine Brettchen und Schüsselchen mehr zu spülen wird es Ihnen gewiss wert sein, wenn Sie es ausprobiert haben. Spüren Sie den Unterschied?

Füllen Sie sich dazu mit freudvollen Gedanken an, während Sie essen. Legen Sie Ihre Lieblingsmusik auf, um Ihre Gedanken bewusst von den Alltagssorgen abzulenken, und laden Sie sich immer wieder Freunde ein, um auch in den Genuss eines gemeinschaftlichen Mahls in fröhlicher Runde zu kommen. Gemeinsam zu essen ist einfach etwas Besonderes! Wer in einer Familie lebt, sollte auf jeden Fall zumindest einmal am Tag einen gemeinsamen Essenszeitpunkt vereinbaren. Wichtig ist dann ganz besonders ein Punkt: Es ist gute Laune gefragt. Garantiert sollten beim Essen keine Probleme besprochen werden, auch nicht der eigene Frust, weder die schlechten Schulnoten, noch die unaufgeräumten Zimmer. Missbrauchen Sie die Essenszeiten, um diese Dinge anzusprechen, kommt bald keiner mehr gerne zum Essen. Außerdem würden Sie all diese Belastungen, diesen Ärger und Groll zusammen mit den Speisen schlucken – eine schwere Aufgabe für Ihre Verdauung. Fröhlichkeit beim Essen dagegen stärkt Körper, Seele und Geist. Natürlich muss auch der Ärger mal angesprochen werden – aber eben nicht beim Essen. Dafür ist vorher oder nachher Zeit genug.

Eine wichtige Zäsur zum Alltagsgeschehen war früher das Tischgebet. Am Anfang und am Ende des Essens wurde ein kurzer Segen gesprochen. Damit hob sich die Tischzeit von der Arbeitszeit ab. Man würdigte, dass das Essen etwas Wertvolles und Besonderes war und nahm automatisch neben der körperlichen Nahrung auch seelische Energie mit auf. Vielleicht finden Sie in Ihrer Runde einen gemeinsamen Segensspruch, der allen gefällt. Fragen Sie doch mal Ihre Kinder.

Wenn Sie nun nicht stolzer Besitzer eines Esszimmers sind, dann schauen Sie sich in Ihrer Wohnung um: Welcher Bereich könnte Ihr neuer Essplatz werden? Gibt es bereits einen Esstisch? Wird er noch für andere Zwecke genutzt? Vielleicht findet sich dafür ein anderer Tisch? Ein eigens zum Essen bestimmter Platz sollte es nämlich schon sein.

Selbst wenn Ihr Esstisch in der Küche oder in einer

Nische im Wohnraum steht und Sie kein eigenes Zimmer dafür haben, können Sie diesen Bereich schön und liebevoll gestalten. Wichtig ist die Ordnung. Steht schmutziges Geschirr auf dem Tisch, während frische Speisen gebracht werden, senkt das mit Sicherheit den Appetit und damit die Bekömmlichkeit der Speisen. Auch Spielzeug, Schulsachen, Unterlagen aus der Arbeit und alte Zeitschriften haben hier nichts zu suchen. Nicht jeden Tag muss man gleich festlich essen, aber die Konzentration auf das Essen sollte nicht durch das Alltagsgeschäft abgelenkt werden. Und schon gar nicht durch unerledigte Dinge, die einen beim Essen vorwurfsvoll anschauen, als wollten sie sagen: „Du Faulpelz, hast mich immer noch nicht genäht, gereinigt, beantwortet…". Nicht beim Essen!

Wenn Sie sich für einen Tisch entschieden haben, beglückwünschen Sie sich zu Ihrem neuen Essplatz. Und dann dekorieren Sie ihn. Mit frischen Früchten, Blumen und Kerzen lässt sich unschwer ein stimmungsvolles Ambiente herstellen. Aber auch eine Tischdecke, eine kleine Skulptur oder ein paar Edelsteine können sehr wirkungsvoll sein. Seien Sie bei Ihrer Auswahl aber wählerisch und stellen Sie nicht zu viel auf den Tisch, der meiste Platz sollte doch den Speisen zukommen.

Besonders harmonisch macht sich im Esszimmer ein *frischer Blumenstrauß* auf dem Tisch. Sie können sich aber auch durch andere **Pflanzen** zur sinnlichen Freude am Essen anregen lassen.

Zierspargel fördert den Energiefluss. Gibt es irgendwo einen Stau, eine Verstopfung, regt er zum Weitermachen an. Auch die fröhlich machende *Begonie* lässt das Essen genießen und den Arbeitstag hinter sich lassen. Ebenfalls für heitere Stimmung und gute Laune sorgen der *Weihnachtsstern* und die *Strahlenaralie*. *Orangen-* oder *Zitronenbäumchen* wirken Wunder bei ängstlichen Menschen, vor allem, wenn man diese Pflanzen so weit gebracht hat, dass sie blühen und sogar Früchte tragen. Sie lassen durch ihre heitere Ausstrahlung das Leben in freundlicherem Licht sehen und verbreiten Mut und Freude. Ein bisschen angriffslustig zeigt sich die *Schirmpalme*, die daher nur sehr zurückhaltende Menschen wählen sollten. Im Schutz „ihrer" Palme trauen die sich einen großen Schritt weiter vor.

Kerzen geben einem Esstisch immer etwas Festliches, insbesondere, wenn sie in mehrarmigen Leuchtern prangen. Kleinere Kerzenhalter, runde Kerzen oder auch Bienenwachskerzen machen die Atmosphäre heimelig und sind bei Weitem nicht so feierlich. Wenn Sie Kerzen, etwa wegen kleiner Kinder, nicht auf dem Esstisch haben möchten, können Sie sie auf eine Anrichte oder ins Fenster stellen. Damit bannen Sie auf dem Tisch die Gefahr, sich zu verbrennen, und Sie holen doch die Qualität des Kerzenlichts in den Raum.

Orange Kerzen fördern den Gemeinschaftssinn. Benutzen Sie sie, wenn Sie mit mehreren Leuten zusammen essen, um fröhliche Gespräche zu fördern. Aber auch wenn Sie alleine sind, können Sie sich von orangen Kerzen zu heiterer Grundstimmung bewegen lassen.

Mit *roten Kerzen* fördern Sie die Lust auf Aktivitäten, die Verdauungssäfte werden angeregt, der Körper kommt in Schwung.

Weiße Kerzen wirken zurückhaltender, sie machen einen Tisch festlich und bringen sehr reine Schwingungen mit sich.

Edelsteine tragen ebenfalls zur Verschönerung des Essplatzes bei, aber auch hier sind sie natürlich keine bloße Dekoration. Jeder Stein hat seine besondere Bedeutung, seine individuelle Eigenschaft, die er uns zur Verfügung stellen möchte.

Besonderen Schutz verspricht der *Achat*. Hängen Sie eine Achatscheibe ins Fenster neben Ihrem Essplatz, und Sie können sich sicher sein, dass Sie negative Gefühle und Gedanken von außen dort nicht treffen können. Da das Essen zu den lebenserhaltendsten Tätigkeiten zählt, sollte dieser Bereich besonders geschützt werden.

Doch was nützt das schönste Essen, wenn man voller Unruhe ist und von den Gedanken des Alltags nicht abschalten kann? Hilfe verspricht der *Chrysopras*, ein hellgrüner Stein, der Ruhe und Klarheit vermittelt.

Freundliche Gedanken und sonnige Gefühle fördern die Bekömmlichkeit des Essens und die Verdauung. Wunderbar eignen sich hierfür der goldfarbene *Topas* und der leuchtende *Türkis*. Der Topas bringt Begeisterung und Freude ins Leben, der Türkis schenkt dazu Sinn für alles Schöne.

Mit **Farben** können Sie Ihren Essplatz noch individueller gestalten. Je nachdem, ob Sie ein festliches Menü zaubern oder ein eher rustikales Essen, können Sie die Dekoration in elegantem *Weiß* oder in bunten Farben halten. Mit Tischdecke, Servietten, Geschirr und Blumen lässt sich ein neutraler Tisch schnell umgestalten. Die grundsätzliche Farbauswahl sollte jedoch immer gesundheitsfördernd und freundlich sein.

Die Fröhlichkeit, die beim gemeinsamen Essen aufkommen darf, wird am besten durch die Farbe *Orange* unterstützt. Heitere Gespräche runden das Mahl ab, fröhliche Gedanken begleiten selbst eine Mahlzeit, die man alleine einnimmt. Die Gesundheit stärkt allerdings vor allem ein klares *Grün*. Diese Farbe kann durch ihre vermittelnden und beruhigenden Eigenschaften ferner Spannungen ausgleichen, die manchmal von Familienmitgliedern bis zum Tisch getragen werden. Streit und Ärger sollten keinen Platz haben beim Essen, das würde nur Magenkrämpfe und Verdauungsprobleme verursachen. Unterbinden Sie solche Anwandlungen gleich von vornherein durch eine frische, freudvolle Farbgebung.

Zusätzliche **Düfte** neben dem Eigengeruch des Essens stören den Genuss beim Essen. Auch Fisch riecht gut, wenn man Appetit darauf hat. Im Gegenteil, es wäre höchst merkwürdig, Fisch zu speisen und dabei einen süßschweren Patchouli-Duft einzuatmen. Vor oder während des Essens sollte man daher keine zusätzlichen Düfte verwenden und auch mit Parfum sparsam umgehen. Danach ist das allerdings anders. Man ist satt, doch der Essensgeruch hat sich im ganzen Raum festgesetzt. Kräftiges und kurzes Lüften macht den Gerüchen Beine. Wer mag, kann danach zusätzlich ein frisches Duftöl im Zerstäuber versprühen, um die Atmosphäre wieder zu klären. Dazu eignen sich vor allem das herbe *Zitronenöl* oder auch das etwas sinnlichere *Orangenöl*.

Wer dem Esszimmer mit einer **Bachblüte** auf die Füße helfen und es energetisch anreichern will, könnte zu *Scleranthus* (28) greifen, auch Einjähriger Knäuel genannt. Unausgeglichenheit und Zerfahrenheit werden durch *Scleranthus* in ruhige und gleichmäßige Bahnen gelenkt. Beim Essen ist diese innere Ruhe besonders wichtig, um die Verdauung positiv einzustimmen. Auch Heißhunger und Appetitlosigkeit werden durch *Scleranthus* hin zu einer gesunden Freude am Essen geführt. Träufeln Sie einen Tropfen dieser Bachblüte in eine Schale mit Wasser oder reichern Sie Ihr Trinkwasser damit an.

Selbst wenn Sie es anfangs nur einmal in der Woche schaffen, in Ruhe und mit Bedacht Ihr Essen zu genießen, ist es besser, als gar nicht erst damit anzufangen. Wenn Sie einmal gespürt haben, wie gut dieses Zelebrieren Körper und Seele gleichermaßen bekommt, werden Sie es lieben und immer häufiger die Zeit dazu finden.

Das Wohnzimmer –
das Zentrum unseres Lebens

„Unzufriedenheit ist der erste Schritt zum Erfolg."
(Oscar Wilde)

Im Wohnzimmer wohnt man – oder? Doch was ist das schon: „Wohnen"? Laut Duden hat das Wort einen indogermanischen Ursprung und bedeutet „sich gewöhnen, bleiben, Gefallen finden". Das ist doch eine schöne Definition: Wo es mir gefällt, da mag ich bleiben, da wohne ich. Doch was tut man eigentlich, wenn man „wohnt"? Für lebenserhaltende und notwendige Aktivitäten wie Kochen, Baden, Schlafen und Arbeiten gibt es spezielle Räume. Was von dieser verplanten Zeit übrig bleibt, heißt gemeinhin „Freizeit". Einen großen Teil davon verbringen wir im Wohnzimmer. „Wohnen" wäre also heute mit „Muße haben" gleichzusetzen. Eigentlich eine schöne Vorstellung!

Ein extra „Wohnzimmer" zu haben, war früher keine Selbstverständlichkeit. Nur in Schlössern und feinen Bürgerhäusern gab es jede Menge Räumlichkeiten, fast für jeden Zweck einen eigenen Raum. Da waren Empfangsräume, Salons, Bibliotheken und vieles mehr. Die einfachen Leuten, die Arbeiter und Bauern dagegen, nahmen über lange Jahrhunderte lediglich mit einem einzigen Raum vorlieb, der Wohnküche. Dort wurde gekocht und gegessen, dort machten die Kinder ihre Hausaufgaben, es wurden Geschichten erzählt, dabei Handarbeiten, Basteleien und kleinere Reparaturen angefertigt. Besonders gemütlich war solch eine Stube durch die Ofenbank, auf der es sich herrlich ruhen ließ. In Zeiten der Zentralheizung wurde diese Bank von einem Sofa ersetzt – was auch sehr gemütlich war. Erst im Laufe der Zeit kam die „gute Stube" hinzu, ein eigenes Zimmer, das aber wirklich nur zu festlichen Anlässen genutzt wurde. Die wertvolleren Möbel und Sofas sollten so weit wie möglich geschont werden. Gerade mal der Sonntagskaffee wurde dort eingenommen oder der (seltene) Besuch hineingeführt. Freizeit hatten die einfachen Leute sowieso kaum, Müßiggang war verpönt, zum Herumsitzen die Zeit zu schade. Was sollte man dort also schon tun?

Heutzutage werden wir von der vielen Freizeit fast erschlagen. Die beruflichen Arbeitszeiten haben sich in den letzten 100 Jahren drastisch verringert, auch die Hausarbeit nimmt durch diverse Maschinen nur noch einen kleinen Teil der Zeit in Anspruch. So gehört der Wohnraum inzwischen zu den meist genutzten Räumen im Haus. Wir sollen uns dort vom Tagesgeschäft entspannen. Ja, uns mit neuer Kraft füllen, damit wir neue Pläne schmieden können. Doch wie geht das eigentlich? Zu viele Menschen verstehen unter „Entspannung" ausschließlich Fernsehen, Video schauen, Computerspiele machen. Das kann ja mal ganz nett sein, wird die Seele auf Dauer aber nicht zufriedenstellen, wird also nicht wirklich entspannen. Und vor allem nicht die Ideen fördern und zu neuen Aktivitäten anregen.

Natürlich würden ein Hometrainer oder andere Sport-geräte das Wohnzimmer ungemütlich machen, auch hand-werkliche Arbeiten wären hier fehl am Platz – so bleiben tatsächlich nur die ruhigeren Betätigungen wie Reden, Le-sen, Fernsehen, Musik hören und Ähnliches. Aber das ist schon eine ganze Menge. Und wenn hier erst einmal ein paar Leute zusammenkommen, ist es auch gleich nicht mehr so ruhig, und schon gar nicht langweilig. Der Wohn-raum kann ein fröhlicher Treffpunkt für Freunde und Fami-lie werden. Zum Reden und Geschichten erzählen oder, um gemeinsam Spiele zu machen, einfach ideal.

Sofern Sie die Möglichkeit haben, einen Kachelofen oder Kaminofen zu installieren, dann tun Sie es. Es kann keinen schöneren Mittelpunkt geben. Das uralte Bild des Feuers steigt in der Seele auf. So kennen wir es aus der Urzeit: Die ganze Gruppe sitzt um das Feuer. Das ent-spannt dann wirklich. Auch wenn wir nicht mehr auf Fel-len ruhen, sondern in bequemen Sofas und Sesseln. Die Steifheit lässt jedenfalls nach, und die Erholung kann ein-setzen.

Um die Geselligkeit zu pflegen, brauchen wir den Wohnraum heutzutage wirklich. Die meisten Küchen sind schließlich viel zu klein, um sich mit mehreren Menschen darin aufzuhalten, und die Esszimmer sind oft schon bei der Planung dem Rotstift zum Opfer gefallen.

Ein Wohnraum sollte uns Frieden und Freude vermit-teln, darf aber ruhig auch ein wenig Heiterkeit ausstrahlen. Ernst und Bürde haben wir ja im Alltag schon genug. Gemütlich sollte es dort natürlich auch sein. Was eben jeder so unter Gemütlichkeit versteht, das muss ja nicht barock sein. Bleiben Sie Ihrem Stil treu. Er ist der richtige für Sie.

Wenn Sie es sich erst auf Ihrem Sofa bequem machen, sind Sie ganz zu Hause angekommen, ohne weitere Verpflichtungen. Jetzt können Sie allen Stress abfallen lassen und ganz zu sich selbst finden. Diese Möglichkeit steht uns heutzutage offen. Das war nicht immer so und ist noch immer nicht in allen Teilen der Welt selbstverständlich. Freuen Sie sich darüber, dass Sie jetzt diesen Raum und diese Zeit zur Verfügung haben. Seien Sie dankbar und lernen Sie zu schätzen, was Sie haben. Haben Sie keine Angst vor „leeren", unverplanten Stunden. Und schlagen Sie sie nicht länger tot mit hausgemachtem Freizeitstress. Zu viele Verabredungen, von denen Ihnen nur ein Bruchteil wirklich etwas bedeutet, oder sämtliche Abende vor dem Fernseher – das wäre doch beides schade um die Zeit.

In der klassischen Astrologie wird das Wohnzimmer der **Sonne** zugeordnet. Die Sonne symbolisiert unser Ich, unser Selbstbewusstsein, unsere Fähigkeit zu strahlen und zu leuchten. Das kann und soll im Wohnzimmer gefördert werden. Lassen Sie diesen Raum zu einem Ort der Kraft werden, denn hier soll sich Ihre Persönlichkeit entfalten dürfen.

Achten Sie zuerst auf die Farbgebung. **Farben** in unserem Wohnraum sollen dazu anregen, nach einem auslaugenden Arbeitstag neue Energie und Frische zu finden. Die meisten Wohnräume haben weiße Wände, die Möbel sind in Beige- und Brauntönen gehalten. Das sind sicherlich angenehme Farbtöne, weil sie uns erden und die Nähe zur Natur spüren lassen. Wer sich jedoch oft zu müde fühlt für weitere Unternehmungen, der sollte es mal mit einem Akzent in einer starken Farbe versuchen. Die anregendste Farbe ist *Rot*. Ein kräftiges Rot vermittelt Lebenskraft und strahlt auch positiv auf unser sexuelles Empfinden. Ebenfalls sehr warm, aber noch heiterer und fröhlicher wirkt *Orange,* denn es fördert die Geselligkeit. Fühlen Sie sich manchmal einsam und wünschen Sie sich öfter ein fröhliches Beisammensein mit Freunden, dann wählen Sie Orange als Akzent in Ihrem Wohnraum. Das können orange gemusterte Kissen sein oder leichte, durchscheinende Stores in dieser Farbe. Auch ein Bild mit orangefarbenen Blüten erfüllt diesen Zweck. Wichtig ist, dass Sie Ihren orangen oder roten Farbtupfer bewusst aussuchen.

Machen Sie dann die **Pflanzen** zu Ihren Freunden, zu Ihren Verbündeten. Je nach ihrer speziellen Energie können Sie diese Wesenheiten einsetzen, damit sie Ihnen helfen, Ihr Wohlbefinden zu fördern. Seien Sie sich gewiss, die Pflanzenwesen tun dies gerne! Die Lebensgemeinschaft von Menschen und Pflanzen ist als harmonische, sich ergänzende Gemeinschaft gedacht. Machen Sie sich mit dem Wesen Ihrer Zimmerpflanzen vertraut, Sie haben sie sich schließlich nicht zufällig als Begleiter ausgesucht. Ergänzen können Sie Ihren „Bewuchs" durch ein oder zwei neue Pflanzen:

In großem Maße aktivierend, daher für eher antriebslose Menschen geeignet, ist die *Zimmertanne*. Sie braucht viel Platz, um sich gut zu entwickeln. Diese Menschen können von ihr lernen –, dass es nichts Verbotenes ist, sich genügend Freiraum zu schaffen.

Der *Zimmerwein* ist auch eine der Pflanzen, die anregend wirkt. Wer meint, im Alltagstrott und täglichem Einerlei zu versinken, der sollte sich einen Zimmerwein zum Freund machen, denn er aktiviert und treibt zu neuen Handlungen an. Wer allerdings sowieso etwas hektisch veranlagt ist, sollte lieber Abstand nehmen von Zimmerwein und Zimmertanne.

Den Unternehmungsgeist fördert auch der *Weihnachtsstern*, allerdings ist er in seiner Wirkung schwächer als die beiden Erstgenannten. Für die oft trüben Wintertage ist der Weihnachtsstern, da er um diese Zeit seine kräftig roten Blätter entwickelt, dennoch ein feiner Begleiter, da es uns gerade in dieser Zeit oft an guter Laune und Frische mangelt. Er vermag Licht und Freude in die dunkle Zeit zu bringen. Aber aufpassen, sein Milchsaft ist giftig!

Die *Passionsblume* spricht die Sinne der Menschen an. Sie kann vergeistigten oder eingeigelten Menschen helfen, sich wieder mehr zu spüren, mehr Freude am Leben zu entwickeln, und fördert ihre Fähigkeit zu genießen.

Eine weitere Pflanze, die die Laune hebt, ist die *Strahlenaralie*. Wer zu übergroßem Ernst oder gar Trübsinn neigt, kann sich in der Gegenwart dieser Pflanze mit Fröhlichkeit und Freude aufladen.

In heitere Feierabendstimmung versetzt auch die *Begonie*. Sie regt mit ihren Blüten, meist in Rot- oder Rosatönen, die Gedankenkräfte an, allerdings eher in Richtung:

„Was fange ich an mit diesem herrlichen Wochenende?" und nicht: „Was sollte ich noch alles arbeiten?" Schön, nicht wahr?

Ebenfalls sehr heiter und freundlich wirkt die *Leuchterblume*, eine Hängepflanze. Sie ist ein wenig zurückhaltender als die Begonie, vermag aber trotzdem das Gemüt auszugleichen.

Ausgesprochen besänftigend wirkt der *Flaschenbaum* oder Elefantenfuß. Für viele übernervöse Menschen, die von Computer, Verkehr und Elektrik aufgeladen sind, ist diese Pflanze eine echte Wohltat, weil sie in ihrer Gegenwart sanft wieder auf den Boden kommen und in ihre Mitte zurückfinden.

Eine ganze besondere Stellung nimmt der *Zimmerbambus* ein. Er symbolisiert Härte und Biegsamkeit in gleichem Maße. Genau das ist es ja, was das Leben von uns fordert – je nach Situation, sich nachgiebig zu zeigen oder eben die Fähigkeit, sich durchzusetzen. Im Feng Shui zählt der Bambus, neben Orchidee, Pflaume und Chrysantheme, zu den vier Glückspflanzen. Allerdings verträgt er nicht jedes Wohnklima, daher sollten Sie ihm schon gut zureden.

Auch das **Mineralienreich** können Sie, ebenfalls wie die Pflanzenwelt, im Wohnraum zu Ihrem Verbündeten machen. Jeder Stein strahlt durch seine Farbe, seine Form und seine Zusammensetzung eine bestimmte Schwingung aus. Wenn Sie auf der Suche sind nach einer besonderen Qualität, die Sie in Ihr Leben mit aufnehmen möchten, dann lassen Sie sich von einem oder mehreren Steinen unterstützen. Machen Sie sich mit ihnen vertraut und spüren Sie, was die Steine Ihnen zu sagen haben. Manche möchten lieber alleine liegen, andere in einer Gruppe mit anderen Steinen.

Ein sehr freundlicher Begleiter ist der *Aquamarin*. Er beruhigt schon allein durch seine sanfte hellgrüne oder hellblaue Farbe und fördert die Wärme und Zärtlichkeit im Herzen. Wer sich einen liebvollen Umgang miteinander wünscht, sollte sich für diesen Stein entscheiden.

Auch der *Rosenquarz* wirkt in diese Richtung. Sein zartes Rosa öffnet unser Herz und füllt es mit Mitgefühl und Sanftmut. Stress und Konkurrenzkampf sind beim Umgang mit einem Rosenquarz schnell vergessen.

Wer sich selbst unter zu großen Druck setzt und sich schwer tut, sich etwas zu gönnen, sollte sich mit einem *Zitrin* anfreunden. Dieser meist goldgelbe durchscheinende Stein verankert übersensible Menschen im Leben und öffnet verhärteten Gemütern den Zugang zur Zärtlichkeit.

Vertrauen und Lebensfreude vermittelt der türkisfarbene *Amazonit*. Wer zu Gemütsschwankungen neigt, ist bei ihm richtig. Die freundschaftlichen Beziehungen zu anderen Menschen werden sich mit ihm schnell verbessern.

Beruhigend und ausgleichend strahlt der *Rutilquarz* auf uns ein. Dieser durchscheinende Stein ist gut an seinen eingeschlossenen Goldfäden zu erkennen. Gerade wenn sehr gegensätzliche Energien aufeinanderprallen, wie das in einem Haushalt mit mehreren Personen der Fall ist, zeigt er einen Weg des Miteinanders.

Frieden und Freude vermittelt der Umgang mit *Jade*. Durch sein intensives Grün kann uns dieser Stein auch der Natur wieder näher bringen, er hat dadurch eine wunderbar erfrischende Wirkung. Aus Jade gibt es auch schöne Schnitzereien, schauen Sie sich in Edelsteinläden danach um.

Ein anderer grüner Stein ist der *Aventurin*. Er ist etwas dunkler als die Jade und glitzert ein bisschen – schön anzuschauen sind sie beide. Auch der Aventurin hat eine beruhigende und erholsame Wirkung. Zudem stärkt er die Fähigkeit, das Leben von seiner positiven und heiteren Seite zu sehen.

Einen *Jaspis* gibt es in fast allen Farbtönen, oft auch mit schönen Einschlüssen. Auch er stärkt unsere Verbindung zur Natur, daneben verleiht er Festigkeit und Zielbewusstsein. Zudem vermag er schädliche Einflüsse von uns abzuwehren.

Stabilisierend wirkt der *Sodalith*, ein dunkelblauer, undurchsichtiger Stein. Vertrauen und Treue sind zwei der hervorragendsten Eigenschaften, die er zu stärken vermag.

Den Glauben und die Menschenliebe fördert der *Lapislazuli*. Sein klares Dunkelblau mit goldfarbenen Pyrit-Einschlüssen schenkt uns innere Ruhe und Klarheit.

Der *Pyrit* selbst ist ebenfalls geeignet, unsere räumliche Umgebung aufzuladen. Bei festgefahrenen Problemen hilft er, einen Ausweg zu finden, das ist seine Stärke.

Fangen Sie mit wenigen Steinen an, vielleicht sogar nur mit einem einzigen. Nehmen Sie „Ihren" Stein so oft wie möglich in die Hand und versuchen Sie, seine Kraft zu spüren. Es macht nichts, wenn dabei die Fantasie mit Ihnen durchgeht. Lassen Sie es ruhig zu!

Unser Geruchssinn ist viel ausgeprägter, als wir es oft wahrhaben wollen. Achten Sie einmal darauf: Sie kommen in ein Haus und reagieren spontan auf den Geruch, er ist Ihnen angenehm oder unangenehm. Daraus ziehen Sie unbewusst Ihre Schlüsse und begegnen den Bewohnern mit Sympathie oder Ablehnung. Das können uralte Erinnerungen sein, aber sie wirken!

Da wir unseren Geruchssinn nun schon einmal haben und er sich im unbewussten Bereich so stark bemerkbar macht, sollten wir dieses Wissen nutzen und unsere Lebensräume mit Gerüchen und **Düften** versehen, die das Wohlbefinden stärken. Es spielt bei der Anwendung von Duftölen keine Rolle, ob sie im Duftlämpchen mit etwas Wasser verdampft, mit einem wassergefüllten Zerstäuber im Raum versprüht oder pur auf ein Tongefäß getropft werden. Finden Sie heraus, was Ihnen selbst am besten liegt, wie Sie den Duft am angenehmsten empfinden.

Eine umfassende Wirkung hat das *Lavendel-Öl*. Es ist tatsächlich in der Lage, gleichzeitig beruhigend und anregend zu wirken, daher ist es für einen Wohnraum das perfekte Öl. Denn der eine kommt nach Hause und ist aufgeputscht durch die Erlebnisse des Tages und muss dringend zur Ruhe kommen, der andere lässt sich im Wohnzimmer nieder, ist müde und erschöpft und braucht unbedingt ein wenig Energie. Beiden hilft Lavendel.

Ebenfall in diesem Bereich kommt das *Melissen-Öl* zur

Wirkung. Von ausgleichend bis belebend reicht auch sein Spektrum.

Wer sich allzu zerrissen fühlt von seinem Alltag, wird gut mit *Zypressen-Öl* zurechtkommen. Es stärkt die Konzentration und schärft den Blick für das Wesentliche.

Wen die Vorkommnisse seines Tages gar zu überrollen drohen, wer sich in Sorgen und Gedanken zu verlieren droht, der sollte sich vom Duft des *Angelika-Öls* einhüllen lassen. Es stärkt den Mut und die Zuversicht, stählt die Nerven und lässt der Zukunft gelassen ins Auge blicken. Dieser Pflanze wird nachgesagt, dass sie ihre Kraft von den Erzengeln bekommen hat. Mit Angelika lässt sich daher ein äußerst wirksamer Auraschutz herstellen.

Das *Neroli-Öl* wird aus den Blüten der Bitterorangen gewonnen – sein Duft ist aber ganz und gar nicht bitter, sondern einfach himmlisch zu nennen. Mit diesem Öl lässt sich in sehr kurzer Zeit die nötige Ruhe und Entspannung finden. Das Leben erscheint fast sofort wieder lichter und freundlicher.

Vorwiegend beruhigend wirkt *Sandelholz-Öl*. Sein Duft legt sich wie ein warmer Mantel um die Seele, er lässt erholsam aufatmen.

Auch *Vanille-Öl* hat diesen wunderbaren Duft nach Feierabend, Schutz und Geborgenheit.

Vielfältig und wunderbar sind die Eigenschaften des *Rosen-Öls*. Genau wie die Pflanze selbst, ist auch ihr Öl zuständig für Liebe und Schönheit. Es wirkt heilend auf seelische Wunden, verbreitet Harmonie im Raum und regt Sinnlichkeit und Erotik an.

Vor allem in der dunklen Jahreszeit bringen **Kerzen** Wärme und Licht ins Haus. Oftmals die letzte Erinnerung an das offene Feuer. Auf Kerzen sollten Sie nicht verzichten, wobei es sich natürlich von selbst versteht, dass Sie sie nicht unbeaufsichtigt brennen lassen dürfen. Kerzen runden einen gemütlichen Feierabend ab.

Wählen Sie *gelbe Kerzen*, wenn Sie die Kommunikation fördern wollen. Wenn Sie sich wünschen, dass neben Radio und Fernsehen auch das Gespräch nicht zu kurz kommt und beim Besuch von Freunden ein lebhafter und freundlicher Gedankenaustausch geschieht, dann unterstützen Sie gelbe Kerzen vortrefflich.

Rote Kerzen wirken überwiegend leidenschaftlich und sinnlich. Wollen Sie die Erotik anregen und außerdem Ihre Körperkräfte zum Fließen bringen, dann nehmen Sie die roten Kerzen. Wer sich, müde von der Arbeit des Tages, kurz beim Schein von roten Kerzen erholt, gelangt schnell zu neuer Aktivität und Fitness und bekommt Lust, noch etwas zu unternehmen.

Eine Farbe, die für alle Gelegenheiten passend ist, ist Weiß. Mit *weißen Kerzen* bringen Sie Reinheit und Entwicklung in Ihren Wohnraum, ein Gefühl von Verbundenheit und Freude.

Wenn Ihnen Rituale gefallen, dann werden Sie **Räucherungen** lieben. Dabei verbinden Sie Düfte und Feuer miteinander und es keimen Erinnerungen an ferne, längst vergangene Zeiten auf. Zum Räuchern brauchen Sie etwas mehr Muße, als wenn Sie nur eine Kerze anzünden, aber gerade das ist das Besondere und Schöne daran.

Räuchern können Sie zum einen, um Ihre Räume von belastenden und störenden Energien zu reinigen, zum anderen, um sie mit bestimmten Qualitäten aufzuladen. Genießen Sie das sinnliche Vergnügen einer Räucherung! Halten Sie die Hölzer und Harze, die Blätter und Nadeln erst einmal in der Hand, bevor Sie sie auf die Räucherkohle legen. Ihr Bezug zur Natur wächst damit. Natürlich können Sie verschiedene Räucherstoffe auch mischen. Probieren Sie, was Ihnen und vor allem Ihrer Nase gefällt. Fangen Sie mit wenigen Zutaten an, lassen Sie sie einzeln zur Wirkung kommen und testen Sie dann erst eine Mischung.

Für den Wohnraum geeignet ist eine *Tannen*-Räucherung. Von alters her ist dieser Duft gerade um die Weihnachtszeit bei uns beliebt. Sammeln Sie frische Tannennadeln, trocknen Sie sie zwei bis drei Wochen lang, dann zerkleinern Sie die Nadeln und legen Sie direkt auf die Räucherkohle. Auch das trockene Harz der Tanne können Sie räuchern. Die Tanne gilt als besonders kraft- und lebensspendend, daher wird sie auch als Symbol des Lebens zum Weihnachtsfest in unseren Zimmern aufgestellt. Sie verleiht uns Schutz und, weil wir ja nicht mehr angreifbar sind, auch Gesundheit.

Ein weiterer guter Schutzstoff ist auch das *Sandelholz*. Es riecht ein bisschen süß, ist dabei aber nicht aufdringlich. Im Rauch von Sandelholz kann man sich selbst reinigen, alle schlechten Gedanken und belastenden Gefühle, und genauso alles Störende, was den Raum verunreinigt.

Zudem verleiht es einen starken Schutz, damit die Atmosphäre friedlich und freundlich bleibt.

Wie eine Umarmung wirkt das Harz Benzoe Siam, auch *Styrax* genannt. Es trägt zum Wohlbefinden und zur Harmonie im Raum bei. Von seinem süßen Duft eingehüllt, gelingt es leichter, anderen zu verzeihen, die eigenen Wunden schließen sich schnell. Ein Duft zum Verwöhnen der Seele.

Galbanum ist ein Harz, das aus Wurzeln gewonnen wird, es war schon im Altertum bekannt. Galbanum ist ein stark würziger Duftstoff, den Sie daher nur sparsam verwenden sollten. Er vermag es, dem Denken eine neue Richtung zu geben, sollten Sie sich in Ihren Vorstellungen zu sehr festgefahren haben. Die Seele wird leicht und heiter, Anspannungen lösen sich.

Wer sanfte Gefühle, liebevolle Aufmerksamkeit und Zärtlichkeit in seinem Wohnraum fördern will, mischt ein paar getrocknete *Rosenblätter* unter seine Räuchermischung. In diesem Fall nicht wegen des Duftes, sondern wegen des Symbolgehalts dieser Blume der Liebe.

In den dreißiger Jahren des 20. Jahrhunderts hat Edward Bach seine Blütentherapie begründet, die seither nach ihm benannt ist. Richtig weite Verbreitung fand sie dann allerdings erst in den achtziger Jahren. Inzwischen werden neben seinen englischen Blüten auch Pflanzen aus Kalifornien und Australien angeboten. Allen gemeinsam ist jedoch die Idee, die Essenz einer Pflanze herauszufiltern und ihre besondere Qualität als Heilmittel für Menschen oder auch für Tiere zu nehmen. Betrachten wir ein Haus als Organismus, dann lässt sich auch die Atmosphäre im Haus mit **Bachblüten** aufbauen.

Wenn Sie 2 – 3 Tropfen Ihrer gewählten Bachblüte mit in den Zerstäuber oder ins Duftlämpchen geben, können Sie Ihren ganzen Raum mit Energie anreichern.

Cerato oder Bleiwurz (5) fördert die Intuition, die Sicherheit, den eigenen Eingebungen zu vertrauen, seinem inneren Führer und weisen Lehrer zu folgen und die innere Stimme von äußeren Einflüsterungen zu unterscheiden lernen. Wer sich leicht durch die Aussagen von anderen verunsichern lässt, kann mit *Cerato* zu seinem eigenen Weg finden.

Holly oder Stechpalme (15) ist ebenfalls förderlich für das Zusammenleben, daher für die Anwendung im Wohnraum bestens geeignet. Die kleinen Ärgernisse des Tages – Eifersucht, Misstrauen, Neid, Wut, Schadenfreude, Kränkungen, all das lässt sich mit *Holly* wunderbar ausgleichen. Harmonie wird wieder ins Herz einkehren, liebevolle Gefühle werden die schädlichen ersetzen.

Pine oder schottische Kiefer (24) nimmt sich die Schuldgefühle, die Ängste, den Stress und die Selbstvorwürfe vor. Viele Menschen kommen mit ihren schwachen Seiten, mit ihren Unzulänglichkeiten sehr schlecht zurecht. Sie sind ständig unzufrieden mit sich und plagen und quälen sich mit viel zu hohen Anforderungen. Mit *Pine* werden sie gelassener ins Leben sehen und sich und anderen ruhiger und verständnisvoller gegenübertreten.

Sie merken schon, indem Sie diese Ideen verwirklichen, wird sich die Einrichtung Ihres Wohnraums nicht verändern. Das ist wichtig, denn es ist Ihr Stil, den Sie hier leben. Auf den zweiten Blick aber geschieht doch etwas: Die Atmosphäre wird eine andere. Es wird ruhiger, friedlicher. Sie können endlich durchatmen, sich besser entspannen und fühlen sich schneller wieder kräftig und unternehmungslustig. Die Sorgen verflüchtigen sich rascher, Ihre Ideen dagegen sprudeln.

Das Schlafzimmer – unser eigenes Reich

„Probleme kann man niemals durch die Denkweise lösen, durch die sie entstanden sind."
(Albert Einstein)

So ehrlich, angreifbar und verletzlich wie im Schlafzimmer sind wir nirgends. Alle Maskeraden fallen hier ab, alle Äußerlichkeiten, mit denen wir unsere Persönlichkeit tagsüber kaschieren und in ein Raster zwängen, legen wir ab. Jeder darf so sein, wie er tatsächlich ist. Man muss nichts mehr beweisen, nichts darstellen, man ist sich selbst – spätestens nach dem Einschlafen. Wir haben es beim Schlafen nicht mehr im Griff, wie wir uns bewegen, wir haben die Kontrolle über uns verloren. Damit haben viele Menschen aber Probleme – die Kontrolle aus der Hand zu geben, sich so zu zeigen, wie sie wirklich sind. Nicht selten rühren Schlafprobleme daher. Doch gerade diese Fähigkeit, sich vertrauensvoll hinzugeben, führt zu einer tiefen Entspannung und Erholung. Darauf sollten wir also im Schlafraum am meisten Wert legen – Ruhe und Schutz zu finden.

Auch wenn in unseren Wohnverhältnissen kaum Gefahren drohen, so haben viele von uns noch alte Informationen gespeichert und wachen beim geringsten Geräusch auf. Im Schlaf sind wir wehrlos, weil sich unser Bewusstsein auf Reisen befindet. Es liegt in der Natur der Lebewesen, in einer von äußerlichen Einwirkungen geschützten Umgebung zu schlafen. Eine Überlebensstrategie, die in früheren Jahrtausenden mehr als notwendig war, von der wir uns jetzt aber guten Gewissens verabschieden können. Sie raubt uns nur die Ruhe. Ob draußen ein Moped vorüberfährt oder ein Lastwagen, müssen wir nicht wissen. Umso wichtiger ist es, dass wir unserem Unterbewusstsein vermitteln, es kann sich auf den Weg ins Traumland begeben, für die Sicherheit des zurückbleibenden Körpers ist gesorgt. Dann können wir uns entspannen und die Erholung finden, die wir brauchen, um am nächsten Tag erfrischt aufzuwachen und alle Anforderungen gestärkt durchzustehen.

Doch wie soll man die Erholung finden, wenn der Schlafraum zum Abstellraum verkommt? Bei vielen Menschen liegen ungebügelte Wäscheberge herum, alles, was sie gerade aus dem Weg haben möchten, wird dort lieblos untergebracht und an der Gestaltung wird gespart, mit der Begründung, es sähe ja keiner. Hm. Denken Sie nicht, es sei egal, wo Sie schlafen, Sie würden mit geschlossenen Augen nichts mitkriegen. Das ist ein fataler Irrtum!

Wundern Sie sich vielleicht, dass Sie nur schwer einschlafen können und nachts oft wach liegen, von den Sorgen des Tages geplagt werden oder von quälenden Träumen, Sie morgens müde und erschöpft aufwachen, die Kraft tagsüber nicht bis zum Ende des Tages reicht und Sie viel zu früh die Konzentration verlieren?

Sollten Sie nicht doch Ihren Schlafplatz einmal genauer unter die Lupe nehmen? Glauben Sie, es lohnt es sich, gerade diesen Platz genauer anzuschauen und mit viel Hingabe zu gestalten. Immerhin „verschläft" der Mensch im Durchschnitt nahezu ein Drittel seines Lebens. An keinem Ort im Haus hält er sich solch eine lange Zeit auf wie gerade im Bett. Das allein sollte schon Grund genug sein, den Schlafraum bestmöglich zu gestalten.

Nun umgeben sich viele Menschen voller Begeisterung mit der neuesten Technik, weil sie keinesfalls beim Einschlafen auf Fernseher (mit Fernbedienung), Funktelefon, Wecker und vieles mehr verzichten wollen. Die Technik lässt sich aus unserem Leben nicht mehr wegdenken, doch beim Schlafen sollten Sie behutsam damit umgehen.

Überfordern Sie sich nicht, indem Sie die Feinheit Ihres Körpers missachten, sich blind und ungestüm vollpumpen mit allen verfügbaren Giften und schädlichen Strahlen und sich zudem dauernd auf schlechten Plätzen aufhalten. Beim Schlafen gelten etwas andere Regeln als im Tagesgeschehen, denn schließlich spielt da unser Bewusstsein nicht mit. Also: Lieber ein bisschen zu vorsichtig als zu übermütig!

Stellen Sie doch mal Ihre komplette Technikausrüstung in Frage: Brauchen Sie unbedingt einen Fernseher im Schlafzimmer? Mit der Fernbedienung neben dem Kopfkissen? Muss der Radiowecker auf dem Nachtkästchen stehen, ganz nahe am Kopf? Könnte er nicht auch einen Meter entfernt stehen?

Allerdings reagiert nicht jeder Mensch negativ auf elektrischen Strom. Ob dieser bei Ihnen persönlich wirkt, können Sie leicht herausfinden. Schalten Sie nachts 14 Tage lang die Sicherungen aus. Stellen Sie keine Veränderung fest, sind Sie vermutlich für Einflüsse dieser Art nicht anfällig (was aber eher die Ausnahme sein dürfte). Wenn Sie in dieser Zeit aber tiefer schlafen und erholter aufwachen, dann lohnt es sich, einen Netzfreischalter einzubauen, der Ihren Schlafraum nachts komplett vom Stromkreis abkoppelt.

Werfen Sie dann einen Blick auf Ihre Schlafrichtung. Für die meisten Menschen ist es günstig, mit dem Kopf parallel zur Nord-Süd-Richtung zu liegen. Das hängt mit dem Erdmagnetfeld zusammen, auf das sich die Körperzellen versuchen auszurichten. Durch eine „Schräglage" geraten die Körperzellen eher in Stress, als wenn sie sich genau im Strom des Magnetfeldes befinden. In der Nordhalbkugel der Erde wird vorzugsweise der Norden für die Lage des Kopfes gewählt.

Die Lage exakt quer zum Magnetfeld, also in Ost-West-Richtung, ist ebenfalls gut für den Körper zu verarbeiten. Da die Energie mit der Sonne aus dem Osten kommt, vertragen es viele Menschen vor allem ausgezeichnet, mit dem Kopf nach Osten zu liegen.

Wollen Sie einmal eine andere Richtung ausprobieren, sollten Sie schon 10 bis 14 Tage durchhalten. Der Körper ist schließlich ein Gewohnheitswesen und braucht etwas Zeit, sich umzustellen.

Den Schlafplatz schützen

Schauen Sie sich dann als Erstes an, wo im Raum Ihr Bett steht. Denken Sie sich zwischen Tür und Fenster eine Verbindungslinie. Liegt Ihr Schlafplatz mitten auf dieser Zone, dann werden Sie sich in Ihrem Unterbewusstsein eher gestört fühlen, als wenn Ihr Bett in einem ruhigen Bereich des Raumes steht. Auf der gedachten Linie zwischen zwei Wandöffnungen – also auch zwischen zwei Fenstern, zwischen zwei Türen oder zwischen Fenster und Tür – entsteht immer eine Art Energiestrom. Es sind die so genannten Bewegungszonen. Logisch, dass dort keine Ruhe zu finden ist.

Suchen Sie sich für Ihr Bett also eine ruhige Ecke. Von dort aus sollten Sie übrigens trotzdem die Tür sehen können. Ist Ihnen der Blick zur Tür verwehrt, kann dies Ihren erholsamen Schlaf ebenfalls stören. Der Grund dafür ist einfach, er hängt mit unseren alten Erinnerungen an Schutz und Deckung zusammen. Hunderttausende von Jahren haben wir Menschen angreifbar in der Natur gelebt. Eine Höhle bietet wohl Schutz, aber nur, wenn der Schlafende den Eingang zwar im Blick hat, aber nicht direkt davor liegt. Er darf schließlich nicht beim Ruhen von eventuellen Angreifern oder Raubtieren überrascht werden. Dieses Muster tragen wir in uns und sind ihm ausgeliefert. Ganz besonders wirken diese uralten Erinnerungen, wenn wir schlafen und eben nicht auf unseren entwickelten Verstand zurückgreifen können.

Sich vor der Energiestrahlung des Fensters zu schützen ist einfach, Sie brauchen nur die Vorhänge zuzuziehen, das Rollo herunterzulassen oder einen Paravent geschickt vor dem Fenster zu drapieren. Der Tür entgeht man nicht so leicht. Schließlich soll diese ja nicht zugebaut werden. Stellen Sie das Bett so auf, dass Sie zwar die Tür im Auge haben, aber trotzdem nicht unmittelbar davor liegen.

Das Bett aus einer gestörten Zone zu bringen, sich einen energetisch und elektrisch ungestörten Schlafplatz zu suchen, ist immer die beste Lösung. Andere Wege sollten Sie nur gehen, wenn Ersteres wirklich nicht möglich ist.

Doch eine Warnvorrichtung braucht Ihr Unterbewusstsein auch in diesem Fall. Es muss sich sicher sein dürfen, dass es rechtzeitig informiert wird, wenn Gefahr droht. Nur dann ist ein tiefer, erholsamer Schlaf gewährleistet. Greifen Sie auf die bewährten Symbole zurück!

Jedem Schlafraum tut ein **Wächter** gut – was Sie schon von der Gestaltung Ihres Hauseingangs her kennen. Ein Wächter ist eine Symbolfigur Ihres Vertrauens, die Sie beschützen soll. Die stärkste Schutzwirkung hat sicherlich ein *Schutzengel*. Sie können sich einen Schutzengel vorstellen, der neben der Tür oder neben Ihrem Bett Wache hält, ein entsprechendes Bild an die Wand hängen oder eine Engelfigur aufstellen. Vielleicht gefällt Ihnen auch ein Bildnis Ihres Namenspatrons?

Aber auch *Krafttiere* haben eine starke Schutzkraft. Wenn Sie Ihres noch nicht kennen, bitten Sie in einer kleinen Meditation darum, mit ihm Kontakt aufnehmen zu dürfen. Sind Sie in solchen Meditationen noch nicht geübt, suchen Sie sich eine Anleitung – Kurse dazu werden allerorts angeboten. Das eigene Krafttier gilt als Symbol für den weisen inneren Ratgeber und Helfer und bringt dadurch einen hervorragenden Schutz.

Oder greifen Sie auf Tierfiguren zurück, die für Sie als Wächter geeignet sind. Wie wäre es mit einem Löwen, einem Wolf oder einer Gans? Im chinesischen Feng Shui gilt die Schildkröte als bestes Schutztier. Wenn Sie sich davon angesprochen fühlen, suchen oder basteln Sie eine schöne Tierfigur und beauftragen Sie sie, Ihren Schlaf zu behüten.

Können Sie sich mit der Idee von Kraft- und Schutztieren gar nicht anfreunden, ja, hat diese Vorstellung eher etwas Beunruhigendes für Sie, dann suchen Sie so lange weiter, bis Sie „Ihren" Schutz gefunden haben.

Sie können sich auch durch ein *Klangspiel* vor Überraschungen warnen lassen. Schon allein das Wissen darum, dass keiner den Raum betreten könnte, ohne dass ein Ton ihn ankündigt, lässt eine Stufe tiefer abschalten. Das funktioniert übrigens auch, wenn man alleine wohnt. Probieren Sie es aus! Das Unterbewusstsein reagiert erstaunlich stark auf diese Mechanismen. Solche „Wächter" eignen sich auch für Menschen, die trotz eines günstigen Schlafplatzes sehr schlecht abschalten können. Ihr Gedankenandrang ist einfach zu gewaltig, sie fühlen sich im Schlaf latent bedroht – ob durch üble Träume oder durch reale Anforderungen.

Ein *Gebet* vor dem Einschlafen, ein Dankeschön für den Tag, der immerhin erlebt werden durfte, wie nervig er auch war, und die Bitte um einen sanften, erholsamen Schlaf wirken in diesem Fall ebenfalls Wunder.

Gerade wenn Sie Einschlafschwierigkeiten haben, ist es besser, sich einige kleine Rituale zurechtzulegen, die das Einschlafen regelrecht zelebrieren. Dazu gehört, sich bewusst vom Alltag zu verabschieden, den Sorgen und ungelösten Problemen einen Termin am kommenden Tag zu geben und einfach loszulassen. Dazu gehört aber auch, vor dem Einschlafen Ihre Pflanze zu begrüßen, einen Duft zu versprühen oder eine Klangschale anzureiben. Wenn Ihre Vorbereitungen über längere Zeit dieselben sind und täglich aufmerksam und liebevoll wiederholt werden, entsteht daraus ein Ritual. Damit wird es Ihnen leichter gelingen, sich vom Tagesgeschehen zu lösen und sich auf die Nacht einlassen. Wechseln Sie Ihr Ritual höchstens einmal im Monat, dann schenken Ihnen die kleinen Handgriffe Ruhe und Kraft.

Pflanzen im Schlafraum müssen nicht sein. Wissen wir doch, dass die Pflanzen bei Dunkelheit Sauerstoff verbrauchen statt ihn zu produzieren und damit nachts zur Konkurrenz um den Luftraum geraten. Ist Ihr Zimmer allerdings groß genug oder schlafen Sie ohnehin gerne bei offenem Fenster, dann ist die Gefahr des Sauerstoffmangels extrem gering. Stellen Sie dann ruhig auch einen pflanzlichen Freund im Schlafzimmer auf.

Geeignet sind hier solche mit runden Blättern, die sanft und weich wirken und weder anstacheln noch aktivieren. Beim Schlafen geht es ja in erster Linie um die Ruhe. Die Erotik würde zwar eine Orchidee fördern, doch die lässt schwer zur Ruhe finden und ist daher im Schlafzimmer ungeeignet. Wählen Sie bei diesem Wunsch lieber entsprechende Nachtwäsche!

Oder Sie stellen eine *Kamelie* ans Fenster. Die Kamelie ist eine äußerst sensible Pflanze, die ihre liebevolle Energie, aber auch ihre erotische Ausstrahlung weitergeben kann.

Ebenfalls sehr empfindsam, aber doch mit einer Ausstrahlung voll Optimismus und Freude, wirkt die *Gardenie*. Auch die *Zimmerlinde* gilt als sensibles Geschöpf, das Sanftheit und Zärtlichkeit weckt. Für ein fröhliches Gemüt sorgt ein *Bubiköpfchen*, das wegen seiner geringen Größe auch in einem kleinen Schlafzimmer nicht zum Sauerstoffräuber wird. Es fühlt sich allerdings wohler, wenn es nicht alleine stehen muss. Damit können Sie, wenn Sie Ihre Partnerschaft fördern wollen, auch gleich die Symbolwirkung mit einbeziehen und zwei dieser hübschen Pflanzen aufstellen.

Besonders kraftvolle Begleiter durch die Nacht sind **Steine**. Sie können Schutz und Geborgenheit ausstrahlen, sanfte Träume vermitteln und außerdem Eigenschaften, die Sie sich schon lange wünschen, in aller Ruhe an Sie weitergeben. Ihr Steinfreund kann neben dem Bett liegen und Sie können ihn täglich vor dem Einschlafen kurz in der

Hand halten, um seine Energie geballt aufzunehmen.

Die *Koralle* bringt Freude ins Herz. Menschen mit depressiven Verstimmungen werden von ihr besonders angesprochen, denn sie hilft dabei, die eigenen Aufgaben, das eigene Leben mutig und liebevoll anzunehmen.

Der milchige *Mondstein* lässt die Verstandeskräfte in den Hintergrund treten. Die Gefühle und unbewussten Wesensschichten dürfen mit ihm zum Vorschein kommen.

Mit dem grünen *Moosachat* bekommen Sie einen besseren Zugang zur Welt der Naturreiche, insbesondere zur Pflanzenwelt. Durch eine Meditation mit dem Moosachat oder auch über Träume können Sie den Kontakt zu den Pflanzenwesen aufnehmen.

Leuchtend lilafarben ist der *Sugilith*. Er fördert die spirituelle Seite im Menschen, schenkt starken Schutz und lässt die Einheit mit dem Kosmos fühlen.

Lebensspendend und voller Zärtlichkeit fühlt sich der goldfarbene, durchscheinende *Zitrin* an. Er ist bereit, diese sanfte Freude weiterzugeben. Auch Schlaflosigkeit und körperliche Beschwerden vermag er zu lindern.

Um eine stimmungsvolle Atmosphäre zu schaffen, sind **Kerzen** einfach unerreicht. Selbstverständlich dürfen Sie sie nicht ihrem Schicksal überlassen! Niemals neben einer brennenden Kerze einschlafen! *Rote* oder *rosa Kerzen* schenken eine wundervoll erotische Stimmung. Sie geben den sinnlichen Genüssen den perfekten Rahmen. *Grüne Kerzen* dagegen gleichen erregte Gemüter aus. Wenn Sie wegen zu vieler Sorgen und Gedanken schlecht einschlafen können, dann zünden Sie erst einmal eine Viertelstunde eine grüne Kerze an, bringen Sie Ihre Gedanken bei ihrem Anblick ein wenig zur Ruhe und schlafen Sie dann ausgeglichen und in innerem Frieden ein. Eine *weiße Kerze* verhilft Ihnen beim Schlafen zu Reinheit und Schutz, fördert die spirituelle Entwicklung und lässt Ihre geistigen Helfer ganz nahe kommen.

Aber, wie gesagt, die Kerzen müssen Sie vor dem Einschlafen löschen. Ein entspannter Schlaf ist schließlich nur möglich, wenn man nicht das Gefühl hat, man müsse auf etwas aufpassen. Und die Bewachung des Feuers gehört zu den alten Erfahrungen der Menschheit und lässt einen wirklich tiefen Schlaf nicht zu.

Aus diesem Grund sollten Sie auch von Duftlämpchen im Schlafzimmer absehen. Schließlich muss eine brennende Kerze vor dem Einschlafen erst einmal gelöscht werden. Und was ist, wenn man es doch einmal vergisst? Ein Teelicht fällt zwar in der Regel nicht um, aber sein Alumantel kann brennen, das Wasser in der Schale über der Kerze kann verdampfen, die Schale könnte springen, oder der Alumantel des Teelichts könnte Feuer fangen. Das ist zwar höchst selten der Fall, aber einmal wäre schon zu viel. Nein, es ist besser und sicherer, eine Kerze nicht ohne Aufsicht zu lassen. Auf einen guten **Duft** zum Einschlafen brauchen Sie dennoch nicht zu verzichten. Immerhin können Düfte den Schlaf fördern.

Es gibt herrliche Kräutermischungen, in kleine Kissen oder Leinenbeutel abgefüllt, die die Ruhe fördern. Zudem feine und beruhigende Mischungen von Duftölen, die, in ein Tongefäß geträufelt, langsam ihr Aroma an die Luft abgeben. Die Wirkung ist nicht so intensiv und hält auch nicht so lange wie bei einem Duftlämpchen, aber zum Einschlafen reicht es immer. Die Tongefäße müssen zwischendurch gereinigt werden, da sich dort Öle sammeln, die nach längerem Gebrauch ranzig werden. Die meisten halten sogar Waschgänge in der Spülmaschine aus und sind danach wieder frisch. Im Zweifelsfall lieber austauschen!

Sie können auch einen schönen, saugfähigen Stein oder ein Stück Holz von einem Spaziergang mitbringen und Ihr Öl darauf träufeln. Oder Sie verteilen Ihr Duftöl mittels eines Zerstäubers im Raum.

Wer unter Ängsten leidet und schlecht abschalten kann, sollte sich für *Angelika-Öl* entscheiden. Durch die starke Verbindung dieser Pflanze zu den Erzengeln hat ihr Öl eine starke Schutz- und Bannkraft und beruhigt die Seele nachhaltig.

Eine sehr friedliche Atmosphäre erzielen Sie mit *Lavendel-Öl* im Raum. Lavendel bringt extreme Kräfte ins Gleichgewicht und schafft es daher auch, bei gegensätzlichen Anlagen, wie es bei Mann und Frau oft der Fall ist, zu vermitteln.

Rosen-Öl ist das Öl der Liebe. Es tröstet, heilt, stärkt und lindert. Ein wunderbares Öl, um beim Einschlafen etwas von der Schönheit dieser Welt mit hinüberzunehmen in die Welt der Träume.

Beruhigend und zugleich sehr warm und sinnlich wirkt

auch das *Sandelholz-Öl*. Es soll die Sinnlichkeit und Erotik fördern, aber zugleich für die Herzensliebe öffnen.

Eine **Räucherung** sollte, genau wie der Umgang mit Düften, sehr dezent sein. Ein zu intensiver Rauchgeruch stört manche Menschen beim Einschlafen. Finden Sie heraus, wie viel Sie vertragen, was Ihnen guttut. Wirkungsvoll ist eine Räucherung nämlich trotzdem, sie kann den Raum untermalen und ihm Botschaften von Schutz und Liebe vermitteln.

Die *Angelikawurzel* oder Engelwurz stärkt unseren Selbstschutz. Wer häufig von Albträumen heimgesucht wird, sollte sie einmal einsetzen. Wir können uns mit ihrer Hilfe besser in der Erde verwurzeln und gleichzeitig den Schutz von Engeln erhalten – ideal, um sicher und behütet zu schlummern.

Auch *Sandelholz* ist ein starker Schutzstoff, der viele Menschen vor allem durch seinen weichen Duft anzieht. Er vermag es, uns von allem Bösen zu reinigen und uns dann mit einem Schutzmantel zu umgeben, so dass wir uns beruhigt den Träumen der Nacht überlassen können.

Wer die Liebe und Güte in seiner Umgebung wach rufen möchte, kann zudem einige *Rosenblätter* zu seiner Räucherung geben und damit die wunderbaren Qualitäten dieser Königin der Blumen in den Schlaf mitnehmen.

Auch im Schlafraum können Sie sich von **Bachblüten** unterstützen lassen. Träufeln Sie sie auf Ihr Ton- oder Gipsgefäß oder geben Sie einige Tropfen in den Zerstäuber.

Eine sehr innige und starke Verbindung von zwei Menschen ist schön und gut, aber wenn diese Verbindung nicht mehr von Liebe und Achtung getragen wird, sondern von Sorge und Ängsten, dann ist es eine Verbindung auf der falschen Ebene. Dem anderen muss zugetraut werden, dass er mit seinem Leben zurechtkommt. Dieses Vertrauen fördert *Red Chestnut* oder Rote Kastanie (25).

White Chestnut oder Weiße Kastanie (35) kümmert sich dagegen um Menschen, die einfach nicht einschlafen können, weil ihnen die Gedanken des Tages, all die wichtigen Dinge und unnützen Kleinigkeiten, im Kopf herumgehen wie ein Hamster im Tretrad. *White Chestnut* beruhigt die inneren Selbstgespräche, verschafft Ruhe und Frieden und das Vertrauen, dass sich alle Probleme zur rechten Zeit lösen werden.

Wild Oat oder Waldtrespe (36) hilft unzufriedenen Menschen. Oft lässt man beim Einschlafen seine Situation ein wenig Revue passieren, man fühlt sich falsch eingesetzt, fühlt, dass man mehr in sich trägt als das, was man bereits zeigt, findet aber einfach nicht den richtigen Weg. Quasi im Schlaf kann man mit *Wild Oat* nach und nach eine neue Richtung finden, seine Ziele klarer erkennen, um sie schließlich vertrauensvoll anzusteuern.

Mit **Klängen** lässt sich jeder Raum reinigen und mit Energie aufladen. Ruhige, sanfte Klänge sind für einen Schlafraum wunderbar, vor allem, wenn man ihn kurz vor dem Einschlafen damit beschallt. Störende Energiewolken verziehen sich fast augenblicklich, man kann abschalten und findet von der Fülle des Tages zur Ruhe der Nacht. Legen Sie eine CD ein oder reiben Sie einfach nur eine Klangschale an und lassen die Vibration sanft ausklingen.

Während des Schlafens legen sich viele Menschen so zurecht, wie sie als Kind im Bett lagen. Nicht umsonst ist der Schlafraum in der klassischen Astrologie dem **Mond** zugeordnet, der ja wiederum dem Kind und dem Gefühl entspricht. Auch für Geborgenheit und das Zuhause steht der Mond. Und natürlich ist er der Herrscher der Nacht. **Farben**, die der Mond liebt, sind *Weiß* und *Silber*. Auch wenn ein Schlafraum, der komplett in diesen Farben gehalten ist, den meisten wohl zu kühl erscheint, sollten Sie diese beiden Mondfarben zumindest als Akzent auftauchen lassen. Versuchen Sie doch mal eine Bettwäsche in diesen Farben, oder ein großes Bild an der Wand mit den Hauptfarben Weiß und Silber. Oder Sie streichen Ihre Wände weiß und malen einen schmalen silbernen Streifen ringsum, je nach Raumhöhe etwa 15 bis 20 cm unterhalb der Decke. Der Raum füllt sich mit Geborgenheit.

Gelassenheit und inneren Frieden fördert außerdem *Blau*. Wer mit seinem hektischen Alltag kämpft und abends nur schwerlich zur Ruhe findet, sollte Blau in die Gestaltung seines Schlafzimmers mit einfließen lassen. Noch tiefer entspannen lässt ein zartes *Violett*. Es wirkt zugleich auch wärmer als das doch recht kühle Blau.

Aktivierende Farben sind nur mit Vorsicht einzusetzen. Wer sich allerdings mehr erotische Spannung wünscht, darf ruhig einmal zu *Rot* greifen, und sei es als Bettwäche, die ja jederzeit auswechselbar ist. Auch ewig müde Menschen werden durch Rot stärker angeregt und nehmen das Feuer durch den Anblick oder den Kontakt mit dieser Farbe in sich auf.

Zum Schluss zwei besondere Tipps:

1. Wenn Sie das Gefühl haben, dass gerade eine neue Entwicklung beginnt und Sie ein Problem endgültig hinter sich gelassen haben und neu anfangen wollen, dann wechseln Sie Ihr Kopfkissen. Ihm sind wir über so lange Zeit mit unseren Gedanken, Gefühlen und Träumen am nächsten. Auch alle Ängste, Sorgen und den ganzen Stress fängt es auf. Ein gründliches Lüften und eine gelegentliche Reinigung des Kissens sind sowieso wichtig – aber bei entscheidenden Entwicklungsschritten sollten Sie sich wirklich ein neues Kissen gönnen!

2. Für Paare gilt: Wechseln Sie gelegentlich die Bettseiten. Traditionell schläft der Mann auf der rechten, die Frau auf der linken Seite. Das soll die ursprünglichen Eigenschaften fördern, rechts das männliche Prinzip mit allen Yang-Eigenschaften wie Tatendrang und Willenskraft, links das weibliche Prinzip mit allen Yin-Eigenschaften wie Weichheit und Seelenkraft. Da aber jeder Mensch auch den Gegenpol in sich trägt und in unserer heutigen Gesellschaft außerdem bei allen Menschen alle Eigenschaften wichtig sind, ist es auch

für Frauen wertvoll, ihre eigenen aktiven, „männlichen" Kräfte kennen zu lernen und zu fördern, und für Männer ihre eigenen sanften, „weiblichen" Kräfte. Zudem hilft der Tausch der Bettseiten, den Partner besser zu verstehen. Man versetzt sich ja im wahrsten Sinn des Wortes „in seine Lage". Besser verstanden zu werden ist doch attraktiv, nicht wahr? Maximal drei Monate im Jahr sollte man die Bettseiten tauschen, die übrige Zeit auf der eigenen Seite schlafen. Denn die eigenen Ur-Kräfte zu fördern, steht schließlich immer noch an erster Stelle.

Das Kinderzimmer –
es soll vor allem heimelig sein

„Zwei Dinge sollen Kinder von ihren Eltern bekommen:
Wurzeln und Flügel."
(Johann Wolfgang von Goethe)

Wie kommt es eigentlich, dass wir ein Kinderzimmer intuitiv bunt und fröhlich gestalten würden? Das von jungen Erwachsenen bevorzugte Grau-Weiß-Schwarz oder die in späteren Jahren beliebten Beige- und Brauntöne würde man Kindern nicht zumuten. „Viel zu kühl" oder „viel zu langweilig" hieße es da. Das bedeutet doch, dass wir genau wissen, dass Farben die Lebenslust anregen. Fragt sich nur, warum wir glauben, diese Anregung nur in den ersten zehn oder zwanzig Jahren unseres Lebens zu brauchen.

Andererseits suchen wir uns die ruhige Gestaltung unseres Wohnraumes ja auch nicht zufällig aus. Wir haben herausgefunden, dass es sich mit wenigen und neutralen Farbtönen besser entspannen lässt. Bei einem allzu schreiend bunten Kinderzimmer ist es nur zu verständlich, wenn die Sprösslinge gar nicht mehr zur Ruhe kommen wollen.

Über eines sind sich die meisten Eltern immerhin einig: Naturmaterialien sollen es sein. Sowohl bei der Auswahl des Bodens als auch der Möbel. Gerade der Boden darf hier nicht vernachlässigt werden. Immerhin sind die Kleinen ja deutlich näher dran als wir und spielen außerdem häufig am Boden. Was sie da einatmen, sollte nun wirklich kein Gift sein. Der Körper eines Kindes ist ja noch im Wachsen begriffen und soll sich bestmöglich entwickeln. Eine gesunde Umgebung trägt einen guten Teil dazu bei.

Nicht ganz so einfach ist die Gestaltung. Gleich mehrere Lebensbereiche soll das Kinderzimmer enthalten. Es ist Schlaf- und Arbeitsraum zugleich, daneben dient es als Aufenthaltsraum, es soll Platz bieten zum Spielen und zum Beisammensein mit den kleinen Freunden. Also Entspannung einerseits, Aktivität andererseits, dazu noch die Konzentration. Und das alles auf engstem Raum!

Erwachsene haben für diese Bereiche mehrere Räume zur Verfügung, in einem Kinderzimmer muss alles in einen Raum gepackt werden.

Das wirft doch die Frage auf, ob Kinderzimmer in dieser Form wirklich Sinn haben. Früher gab es ein Zimmer für mehrere Kinder, aber dort wurde nur geschlafen. Entsprechend reduziert waren diese Räume eingerichtet, sie waren meist wenig beheizt, boten somit eine gute Luft zum Schlafen, es lagen keine Spielsachen herum, die beim Einschlafen ablenken, und auch keine Schulsachen, die die Psyche belasten konnten. Gespielt wurde im Freien oder in der Wohnküche, und dort wurden auch die Hausaufgaben gemacht. Rückzug und Alleinsein gab es nicht oder selten im Kindesalter. Dafür musste man sich schon einen Baum suchen oder ein Versteck auf dem Speicher.

Gerade bei mehreren Kindern, die auch noch etwa im gleichen Alter sind, sollten Sie ernsthaft über eine neue „Belegung" der Räume nachdenken. Bis zu einem Alter von etwa 10 oder 12 Jahren ist ein gemeinsamer Schlafraum und ein gemeinsamer Spiel-/Arbeitsraum für die Kinder durchaus förderlich. Sie fühlen sich nicht alleine, haben meist weniger Ängste, können einander helfen und ihr Sozialverhalten trainieren. Fragen Sie doch einmal Ihre Sprösslinge, was sie davon halten.

Ein eigenes Zimmer ab der Pubertät ist allerdings höchst sinnvoll. Denn sich in einen eigenen Raum zurückziehen zu können, fördert den Zugang zum eigenen Wesen, und das Selbstwertgefühl wächst, wenn man sein eigenes Reich hat. Daneben ist es wichtig, die eigenen Vorlieben ausleben zu können, denn dadurch kann sich auch der individuelle Geschmack stärker ausprägen.

Dabei werden manche Wünsche auftauchen, über die Sie als Eltern vielleicht gar nicht erfreut sind. Machen Sie sich dann zum einen bewusst, dass nicht Sie dort leben müssen, aber versuchen Sie herauszufinden, was hinter einem besonders skurrilen Wunsch steckt. Geht es Ihren Sprösslingen darum, Freunde zu beeindrucken, eine Antihaltung durchzusetzen, oder entspricht es wirklich ihren Bedürfnissen? Diskutieren Sie das Thema mit ihnen und glauben Sie nicht, gute Erziehung bestünde darin, sklavisch die Wünsche Ihrer Kinder zu erfüllen. Mit Kindern kann man reden wie mit anderen Menschen auch. Aber Kinder wollen ernst genommen werden – eben auch wie alle anderen Menschen. Sie verstehen zum Beispiel durchaus, dass manches einfach nicht machbar ist, etwa weil es zu teuer ist. Aber mit etwas Fantasie, Holz, Stoff und Farbe lassen sich zumindest einige der Ideen umsetzen. Das Schöne ist, es muss ja nicht für ewig sein, der Geschmack ändert sich wieder, und für ein paar Jahre tut es auch ein Provisorium.

Ziehen Sie, genau wie in Ihrem Schlafraum, auch beim Kinderzimmer eine gedankliche Linie zwischen Tür und Fenster. Das ist der unruhigste Bereich des Raums, und dort sollte keinesfalls das Bett stehen. Zum Spielen ist dieser Bereich aber nicht schlecht, weil eine gewisse Unruhe förderlich ist für Kreativität und Unternehmungsgeist. Durch einen aufgelegten Teppich kann dieser Bereich noch betont werden. Im stillsten Winkel des Raumes sollte das Bett stehen, vielleicht sogar noch durch ein Moskitonetz oder einen Stoffschal kuscheliger gestaltet. Am Fenster findet der Schreibtisch seinen Platz. Von hier aus sollte der Blick aber nicht auf die Spielsachen fallen, denn das würde viel zu sehr vom Studieren ablenken. Dann braucht man sich nicht zu wundern, wenn das Kind unruhig wird und die Hausaufgaben einfach nicht fertig werden. Steht doch ein Regal mit Spielsachen im Blickfeld des Arbeitsplatzes, dann setzen Sie eine Abschirmung davor, wie etwa einen Vorhang oder eine Regaltür. Ein dicker schwarzer oder blauer Punkt, der darauf angebracht oder aufgemalt wird, bringt die Konzentration im wahrsten Sinn des Wortes auf den Punkt. Aber schon eine ruhige Fläche wäre genug. Unruhige und bunte Muster wären vielleicht lustiger – aber völlig konträr in der Wirkung, denn ihr Kind müsste es ausbaden.

Was glauben Sie, welches die beste **Farbe** für ein Kinderzimmer ist? Ganz klar: Die, die Ihre Kinder wollen! Fragen Sie sie! Kinder haben in der Regel ein starkes Gefühl für das, was sie wirklich brauchen. Um einen bestimmten Entwicklungsschritt durchzumachen, kann eine Farbe sehr hilfreich sein. Wählen Sie die Möbel möglichst neutral, etwa in naturfarbenem Holz, dann können Sie mit der Wandfarbe, mit Textilien wie Vorhängen oder Bettüberwurf spielen und den wechselnden Wünschen und Bedürfnissen Ihres Kindes ohne großen Aufwand nachkommen. Eine Farbe allerdings darf immer vorkommen in einem Kinderzimmer, das ist *Weiß*. Denn Weiß ist in der Lage, alle Informationen an die Umgebung zurückzugeben, und es reinigt und fördert die Entwicklung. Weiß lässt außerdem die verschiedenen und oft bunten Sachen der Kinder gut zur Geltung kommen.

Kleine Kinder neigen bekanntlich dazu, ihre Umgebung mit allen Sinnen kennenzulernen. Das heißt, sie fassen alles an, um den Tastsinn zu trainieren, und nehmen gerne eine Probe davon in den Mund, das fördert ganz wunderbar den Geschmackssinn. Bei der Wahl der **Pflanzen** gilt es daher, besonders vorsichtig zu sein. Vielleicht sollten Sie eine Zeit lang völlig darauf verzichten. Doch insgesamt haben Kinder einen guten Zugang zu den Pflanzenwesen. Werden Kinder mit der Pflege „ihrer" Pflanzen betraut, was

140

ab dem Schulalter durchaus möglich ist, kann dies ein Gefühl für Verantwortung und liebevoller Aufmerksamkeit in ihnen wachrufen.

Eine hübsche Pflanze für das Kinderzimmer ist die bunt blühende *Pantoffelblume*. Besonders Kindern, die ihre Gefühle hinter einer gespielt lustigen und oftmals auffallenden Fassade verbergen, hilft sie, ihr wahres Wesen besser zu verstehen und zu zeigen.

Unkompliziert in der Pflege ist die *Grünlilie*. Bei ihr kann man nicht viel falsch machen, sie verzeiht ein vergessenes Gießen oder auch ein Zuviel an Wasser. Die Grünlilie wirkt positiv auf ihre Umgebung und schafft es, Giftstoffe aufzunehmen und umzuwandeln. Und: Sie ist ein ausgezeichneter Ideenfinder, wenn man mal nicht weiter weiß.

Mit fast sprudelnder Energie versorgt das *Zyperngras* seine Umgebung. In der Nähe des Bettes sollte diese Pflanze daher nicht stehen, auch nicht in einem sehr kleinen Kinderzimmer. Hat man mehr Platz zur Verfügung, ist dieser lustige Energiewirbel aber bestens geeignet, um am Arbeits- oder Spielplatz die Kinder bei Laune zu halten.

Ebenfalls heitere Stimmung verbreitet das *Bubiköpfchen*. Schon durch seine Form wirkt es wuschelig und irgendwie fröhlich, und Ihre Kinder werden es lieben.

Sehr freundlich und zärtlich wirkt die *Zimmerlinde*. Sie braucht selbst viel Aufmerksamkeit, schenkt aber innige Gefühle weiter. Findet ein Kind schwer Zugang zu liebevollen Gefühlen, ist eine Zimmerlinde ein hilfreicher Begleiter, der es zu seinem Herzen zurückführt.

Wie zu allen Naturreichen finden die Kinder auch zu **Steinen** schnell Kontakt. Oft bringen sie selbst vom Spielplatz oder einem Ausflug Steine aus der Natur mit nach Hause. Es sind Steine mit merkwürdigen Formen darunter und solche mit besonders schöner Maserung oder Farbe. Mit einigen Edelsteinen können Sie Ihren Kindern sicher eine Freude machen und ihre Sammlung von *Natursteinen* ergänzen.

Ein kraftvoller Schutzstein ist der *Bernstein*. Dieser goldfarbene, durchscheinende Stein wirkt immer ein wenig weich und warm. In seiner Gegenwart fühlt man sich daher wohl und geborgen.

Schutz vermittelt auch der *Türkis*. Er kann heftige Stimmungsschwankungen wunderbar ausgleichen und ist daher in schwierigen Entwicklungsphasen ein wichtiger Begleiter. Gleichgültige Kinder regt er zu neuen Taten an. Ein guter Stein für den Schreibtisch oder die Spielecke.

Genau wie der Türkis gefällt vielen Kindern auch *Jade* durch die grüne Farbe. Sie fördert, was im Computerzeitalter besonders wichtig ist, den Bezug zur Natur. Daneben wirkt Jade ausgleichend auf das Gefühlsleben und schenkt einen tiefen Schlaf. Dieser Stein darf also auch neben dem Bett liegen.

Ein Duftlämpchen mit einer Kerze sollte man nur älteren und sehr verantwortungsbewussten Kindern anvertrauen. Die jüngeren müssen aber dennoch nicht auf die förderlichen **Düfte** verzichten. Eine lustige Gipsfigur oder eine kleine Vase aus unglasiertem Ton nehmen ein paar

Tropfen Duftöl ebenso gut auf und geben es langsam an die Umgebung wieder ab.

Ein wunderbares Öl für Kinder ist das *Kamillen-Öl*. Die meisten Kinder kennen diese Pflanze in der Natur und auch als Tee. Der Duft ist sehr fein, wirkt vorwiegend beruhigend und hat immer auch etwas Tröstliches an sich. Und Kummer haben die Kleinen ja oft genug.

Für sehr empfindsame Kinder eignet sich das *Mimosen-Öl*. Es hilft ihnen, mutiger aufzutreten, macht sie fröhlicher und unbeschwerter.

So richtig lustig und heiter macht schließlich das *Orangen-Öl*. Gerade für die lichtarmen Tage des Winters ist es ein angenehmer Geselle, der die Sonne ins Haus holt.

Mit *Honig*-Essenz lassen sich verschiedene Düfte zu einer Einheit verbinden. Honig wird zudem wegen seines süßen, wärmenden Duftes von Kindern geliebt.

Bachblüten fördern die Entwicklung von Kindern. Das Schöne ist, mit diesen Blüten können Sie nichts falsch machen. Hat ein Mensch bereits eine Qualität verinnerlicht, dann wirkt die Blüte eben nicht. Man kann sie also nicht überdosieren, wie es bei einer Arznei oder auch bei homöopathischen Mitteln leicht möglich ist.

Kinder reagieren stark auf Bachblüten, da ihre unbewusste Wesenheit noch sehr aufnahmefähig ist.

Clematis oder Weiße Waldrebe (9) unterstützt Kinder, die sich mit ihren Gedanken ständig woanders befinden. Vielleicht trauen sich die Seelen dieser Kinder noch nicht so richtig auf die Erde und schweben lieber in anderen

Welten. Mit Hilfe von *Clematis* können sie sich liebevoll mit dem gewählten Leben verbinden. Sie werden interessierter und aufmerksamer für das, was in der sichtbaren Wirklichkeit um sie herum vorgeht, und entwickeln mehr Körpergefühl.

Scleranthus oder Einjähriger Knäuel (28) hilft den Kindern, die Schwierigkeiten mit der Konzentration haben. Das viele Neue, das auf die Kinder einstürmt, gerade in unserer hektischen Zeit, lässt sich somit leichter für sie verarbeiten. Das Leben in Großstädten gleicht in seiner Schnelligkeit manchmal einem einzigen Werbespot, viel Ruhe finden die Kinder in ihren mit übermäßig viel Spielzeug ausgestatteten Zimmern auch nicht, da sie ja hier „nebenbei" schlafen und lernen sollen. So äußern sich die Kinder oft unangenehm zappelig und wollen einmal dies, einmal das. Mit *Scleranthus* werden sie ruhiger und sicherer in ihren Entscheidungen, können sich besser konzentrieren und wissen schnell, was sie wollen, und bleiben dann bei diesem Entschluss. Die innere Ausgeglichenheit wird mit *Scleranthus* stark angesprochen.

Oft ist der Musikgeschmack der Kinder weit entfernt von dem der Eltern. Sie können aber Ihre Kinder trotzdem schon früh auf die Bedeutung und unterschiedliche Wirkung von Musik und **Klang** aufmerksam machen. Die verstehen sie auf ihre ganz eigene Weise. Was besonders kleineren Kindern gut gefällt, sind *Glöckchen*. Glocken werden in unserem Kulturraum und auch im alten China schon seit langem verwendet, um die Umgebung durch die speziellen Schallwellen von störenden Energien zu reinigen und mit heilsamen Schwingungen zu stärken. Die Wirkung einer Glocke reicht so weit, wie der Schall ihren Klang trägt. Für ein einzelnes Zimmer ist daher ein kleines Glöckchen ausreichend. Wählen Sie eins mit einem harmonischen Klang oder lassen Sie Ihr Kind selbst aussuchen. Gerade um die Weihnachtszeit werden viele Glöckchen angeboten. Kinder sind sehr gefühlsstark, sie werden die Wirkung spüren. Sie können ruhig mehrmals am Tag damit klingeln, denn ihr Zimmer ist ja gleichzeitig Arbeitszimmer, Schlafzimmer und Spielzimmer, vereinigt also viele Zwecke in sich, die sich nicht unbedingt miteinander vertragen. Besonders wirkungsvoll ist es, zwischen zwei Tätigkeiten, also zwischen Spielen und Hausaufgabenmachen oder zwischen Spielen und Schlafen, kurz zu klingeln. Das Läuten des Glöckchens macht die Schwingung wieder harmonisch, das Feld wird frei für die nächste Tätigkeit und ist nicht mehr angefüllt mit der vorherigen.

Am Eingang des Zimmers ist auch hier der schon erwähnte **Wächter** interessant. Genau wie an der Haustür oder im Schlafzimmer der Eltern kann auch neben der Tür des Kinderzimmers ein Wächter stehen, der die Aufgabe bekommt, den Eingang zu behüten. Auch neben dem Bett ist solch ein Helfer sinnvoll, um den Schlaf des Kindes zu bewachen. Am besten sind hier natürlich Engelfiguren oder -bilder. Wenn Ihr Kind sich aber eine Superman-Figur wünscht statt eines Engels, dann lassen Sie es zu. Machen Sie es trotzdem mit der Kraft von spirituellen Helfern, insbesondere von Engeln, vertraut, denn von ihnen können sich Kinder etwas wünschen. Eine Comic-Figur hingegen erfüllt keine Wünsche.

Im Grunde haben Kinder ein gutes Gespür für das, was ihnen guttut. Gerade wenn die ersten Lebensjahre in friedlicher Umgebung verlaufen, ist da wenig verschüttet, doch die Beeinflussung des eigenen Willens durch die Werbung fängt immer früher an. Achten Sie deshalb genau darauf, welche Wünsche Ihre Kleinen äußern. Vielleicht liegen sie ja nur einer Modeströmung auf und brauchen im Grunde etwas ganz anderes? Beobachten Sie, wie sich nach einer grundlegenden Veränderung des Zimmers ihr Verhalten ändert. Sind sie offener, kontaktfreudiger, zurückgezogener, gehemmter? Lernen Sie besser, oder sind sie eher unkonzentriert? Sind sie morgens ausgeschlafen und fröhlich, oder viel zu oft müde?

Kaum ein Kind ist immer nur fröhlich und ausgeglichen. Das bringen schon die Entwicklungsschritte mit sich, von körperlichem Wachstum über geistige Reife bis hin zu seelischen Erkenntnissen. Das will alles erst einmal verarbeitet werden. Doch mit all den aufgezählten Mitteln können Sie nun Ihre Kinder darin unterstützen, diese Entwicklungsstufen leichter, unverkrampfter, erfolgreicher und sogar mit Spaß und Freude zu gehen.

Das Arbeitszimmer – oder doch mehr ein Freizeitzimmer?

„Man lernt, wie ein Krieger zu handeln,
indem man handelt – nicht indem man redet."
(Carlos Castaneda)

Sie haben ein eigenes Arbeitszimmer, obwohl Sie nicht zu Hause arbeiten? Welch ein Luxus! Freuen Sie sich darüber, denn einen Raum der Wohnung als Arbeitszimmer zur Verfügung zu haben, ist bei dem immer kleiner und zweckmäßiger werdenden Wohnraumangebot wirklich etwas Besonderes. Zur Grundausstattung einer Wohnung gehört zwar das Arbeitszimmer nicht, aber ein kleiner Arbeitsplatz ist auf jeden Fall nützlich. Denn Post bekommt schließlich jeder, und wenn es nur Rechnungen und Prospekte sind. Die meisten Haushalte haben auch einen Computer. Natürlich kann der Papierkram auch auf dem Küchentisch landen, klar kann der PC in irgendeiner Ecke des Wohnzimmers stehen – doch ob der Anblick von Post und PC wirklich entspannend ist, muss jeder für sich entscheiden.

Haben Sie einen Raum übrig, den Sie zum Arbeitszimmer ernennen können, so ist dies der erste Schritt für mehr Struktur in Ihrem Leben. Trotzdem: „Arbeitszimmer", das klingt für viele nach Verpflichtung und unangenehmen Dingen. Für viele ist der Begriff Arbeit einfach negativ besetzt. Zu viel Druck und Zwang sind damit verbunden und zu wenige Erfolgserlebnisse. Diese Menschen haben folglich auch zu Hause kaum Lust, sich um den nötigen Schriftkram zu kümmern. Erinnert sie der doch an den ungeliebten Arbeitstag.

Dasselbe Schicksal trägt auch **Saturn** als „Schirmherr" des Arbeitszimmers mit sich herum. Dieser Planet wird in der Astrologie mit Pflichterfüllung, Genauigkeit und Ordnung gleichgesetzt. Auch Durchhaltevermögen und Zähigkeit zählen zu seinen Eigenschaften. Zwar weiß ein jeder, dass dies alles unbedingt notwendig ist, aber geliebt wird etwas anderes. Immerhin, und damit lässt sich der Zugang etwas besser finden, ist auch der Planet **Merkur** für die Arbeitsabläufe zuständig. Merkur steht für Kommunikation und Beweglichkeit, er hilft zu denken, zu schreiben und zu handeln, und wird damit zum idealen Schirmherr für alle Belange, die mit dem zwischenmenschlichen Austausch zu tun haben – das ist doch gleich versöhnlicher.

Wem es dann doch gelingt, sich mit den Qualitäten von Saturn anzufreunden, wird reich belohnt, denn die Klarheit und Übersicht, die dabei entsteht, schafft ein stabiles Fundament, um neue und wunderbare Pläne entwickeln zu können.

Mit Saturn und Merkur zusammen ist auch schon umrissen, worum es im Arbeitszimmer in erster Linie geht: In diesem Raum sollte man seine Gedanken konzentrieren können, trotzdem aber auch kreativ arbeiten, Ideen entwickeln und durchführen. Es sollte genügend Platz für Aktivitäten sein, ohne dass man dabei zu schnell auslaugt und ermüdet. Ganz konkret bedeutet das: Sie nutzen Ihr Arbeitszimmer zum Nachdenken, um Ziele zu finden, aber auch, um wichtige Unterlagen aufzubewahren und in Ruhe alle geschäftliche Korrespondenz zu erledigen. Das ist in einem Privathaushalt in der Regel nicht viel, dennoch muss eine Versicherung benachrichtigt, eine Überweisung getätigt, eine Bestellung ausgefüllt, eine Retoure verpackt und adressiert, eine Rechnung bezahlt oder eine Glückwunschkarte geschrieben werden. Die Steuererklärung muss vorbereitet und das Album vom letzten Urlaub endlich angelegt werden. Es sammeln sich Unterlagen und Prospekte an, die durchgesehen, sortiert und ausgemistet werden wollen. Der ganze Papierkram muss dann nicht im Wohnraum auf seine Erledigung warten und dort die Entspannung stören. Auch der Computer kann seinen festen Platz im Arbeitszimmer finden. Dort können E-Mails geschrieben und beantwortet oder Informationen aus dem Internet geholt werden. Vielleicht wollen Sie auch mal eine Bewerbung schreiben? Wunderbar, wenn Sie dafür den Raum haben, Ihre Belege zu ordnen und sich auf Ihr Vorhaben zu konzentrieren.

Einen eigenen Raum für all diese Dinge zur Verfügung zu haben, ist einfach wunderbar. Sollten Sie den Begriff „Arbeitszimmer" gar zu öde finden, dann schlagen Sie Ihrem Unterbewusstsein ein Schnäppchen und nennen Sie dieses Zimmer einfach anders. Vielleicht „Rotes Zimmer", weil es einen roten Teppichboden hat. Oder „Japanisches Zimmer", weil Sie den Schrank mit einem japanisch wirkenden Faltrollo verdeckt und außerdem noch eine Tuschezeichnung aufgehängt haben. Oder Yoga-Zimmer, weil dort auch eine Matte liegt, auf der Sie Ihre Yoga-Übungen praktizieren. Oder ganz einfach „Mein Zimmer", denn genau das ist es, was viele Menschen heutzutage vermissen. Kindern wird es in unserer Zeit wie selbstverständlich zugestanden, den meisten Erwachsenen jedoch fehlt es: Sie haben kein eigenes Zimmer mehr, sondern leben in den Gemeinschaftsräumen der Familie. Ob sie die Individualität und den Rückzug nicht mehr brauchen? Wohl kaum, denn gerade wir sind so erzogen worden, dass wir unsere Eigenheiten überhaupt erst wahrnehmen und pflegen. Werden sie später über Jahre unterdrückt, gibt man den Umständen, der Arbeit, den Freunden oder ganz besonders gerne dem Partner Schuld an der wachsenden Unzufriedenheit. Dabei können die anderen meist gar nichts dafür, und der Partner hätte genauso dringend ein eigenes Zimmer gebraucht.

Wer also ein Arbeitszimmer sein eigen nennt, kann sich glücklich schätzen, denn er hat damit einen Ort des Rückzugs. Und wenn es nur eine halbe Stunde am Tag oder eine Stunde in der Woche ist. Diese Zeit ist dann besonders kostbar. In Ruhe Ordnung schaffen, und sei es nur mit den Papieren, ist befreiend.

Alles, was mit Banken, Behörden und Versicherungen zu tun hat, hat für viele etwas Unangenehmes, Drückendes. Doch wenn man den Platz dazu hat, die Vorgänge zu bearbeiten, ist alles halb so wild. Vor allem, wenn man damit nicht wartet, bis sich unübersehbare Berge aufgebaut haben, sondern sich jede Woche einmal die Zeit für solche organisatorischen Tätigkeiten nimmt. Und vielleicht möchte man sich ja einfach auch nur mal zurückziehen, um seine neuen Ziele aufzuschreiben. Angeregt durch den letzten Geburtstag oder das nahende Neujahr. Oder seine Gedanken zu einem interessanten Film notieren oder die Unterlagen des letzten Wochenend-Seminars aufbereiten. Was auch immer: Ein Arbeitszimmer ist etwas Feines!

Kühl und sachlich wie eine verstaubte Amtsstube muss es auch nicht eingerichtet sein. Außer, man mag diesen Stil. Es gibt witzige Stahlregale, gemütliche Holzschränke, klassische Bücherborde. Für jeden Geschmack etwas. Es braucht auch nicht bei Regal, Schreibtisch und Stuhl zu bleiben – warum nicht einen Schaukelstuhl in die Ecke stellen mit einer schönen Leseleuchte daneben? Oder eine Matte für Gymnastik- oder Yoga-Übungen griffbereit haben? Oder eine Wand mit Urlaubserinnerungen gestalten?

Welche Zwecke Sie diesem Raum auch immer verleihen, ein Teil bleibt doch an erster Stelle: Der Schreibtisch. Auf seinen Standort sollten Sie besonderen Wert legen, selbst wenn Sie ihn relativ selten benutzen. Ein Sitzplatz oder Arbeitsplatz mit dem Rücken zur Tür verursacht Unsicherheit. Das mag aus unseren Ur-Instinkten herrühren, dass wir den Rücken gedeckt haben wollen. Merkwürdigerweise macht sich diese Unsicherheit auch dann breit, wenn wir alleine wohnen, also mit unserem Oberbewusstsein ganz genau wissen, dass niemand einfach so hereinspazieren kann. Trotzdem bleibt dieses leicht unruhige Gefühl, wenn man mit dem Rücken zur Tür sitzt. Das Vertrackte daran ist: Meist nimmt man diese leichte Unruhe gar nicht bewusst wahr. Allerdings ermüdet man schnell oder hat von vornherein keine Lust, sich an den Schreibtisch zu setzen. Probieren Sie, wie es Ihnen geht, wenn Sie den Tisch umstellen, also so, dass Sie die Tür im Blick haben, und sei es aus dem Augenwinkel heraus.

Können Sie Ihren Tisch wirklich nicht anders aufstellen als mit dem Rücken zur Tür, dann sollten Sie sich unbedingt mit Symbolen behelfen. Platzieren Sie einen **Spiegel** so vor sich auf dem Tisch oder an der Wand, dass er die Tür widerspiegelt. Somit haben Sie den Eingang im Auge, ohne sich umdrehen zu müssen. Wenn Sie **Klänge** mögen, können Sie zusätzlich ein Klangspiel oder Glocken an der Tür befestigen. Es würde jeden Hereinkommenden verraten. Ihr Unterbewusstsein weiß: Sie können nun nicht mehr überrascht werden. Mit diesem Gefühl der Sicherheit arbeiten Sie gleich viel befreiter.

Leben Sie nicht mit Kompromissen! Leben Sie nicht damit, dass Sie die Beantwortung schon eines Briefes müde macht und Sie jedes Sortieren von Unterlagen richtig viel Energie kostet. Sie müssen Unzulänglichkeiten nicht hinnehmen und leiden, Sie können etwas tun, um sich das Leben leichter zu machen. Einziger Kraftaufwand: Sie müssen erst einmal feststellen, was los ist. Und sollten dann nicht zögern, Lösungen zu finden, denn davon gibt es eine ganze Menge. Wie wäre es, die eine oder andere Idee auf Ihren beruflichen Arbeitsplatz zu übertragen? Damit machen Sie sich doch gleich Ihren gesamten Alltag leichter.

Achten Sie beim Arbeiten genau darauf, wie Sie sich fühlen. Werden Sie schnell müde oder regen Sie sich allzu schnell auf, wenn etwas nicht gleich nach Wunsch geht? Dann versuchen Sie doch einmal, durch die **Farbgestaltung** in Ihrer Umgebung auf Ihr Wohlgefühl und Ihre Konzentrationsfähigkeit Einfluss zu nehmen!

Umgeben Sie sich mit *Grün*, wenn Sie Gelassenheit und Ausgleich anstreben, aber auch, wenn Sie in gesundem Rhythmus nach vorne streben. Grün ist auch ideal, wenn mehrere Menschen im Raum arbeiten, denn durch seinen harmonisierenden Einfluss kommen alle Charaktere gut damit klar. Ebenfalls eine für jeden geeignete Farbe am Arbeitsplatz ist *Weiß*, da es durch seine Klarheit die Entwicklung fördert. Müssen Sie sich bei Ihrer Arbeit stark konzentrieren, dann ist *Gelb* am besten geeignet, Ihre Gedanken zu schärfen. Mit Gelb in Ihrer Umgebung steigen Ihre geistigen Leistungen erheblich an. Wer körperlich arbeitet oder auch bei geistiger Arbeit schnell ermüdet, sollte sich *rote Farbtupfer* gönnen. Denn Rot aktiviert die Lebenskraft und erneuert unermüdlich die Bereitschaft zum Tun. Wer sich also nur schwer zu bestimmten Tätigkeiten aufraffen kann, wird mit Rot seine helle Freude haben. Wer allerdings zum Ausrasten neigt und schon bei Kleinigkeiten hitzig wird, der sollte von Rot Abstand nehmen.

Lieben Sie **Pflanzen**? Dann lassen Sie sich von ihnen helfen, in Ihrem Arbeitszimmer die Energie auszugleichen. Was Pflanzen ausnehmend gut beherrschen ist, – zumindest tagsüber – Ihre ausgeatmete Luft in Sauerstoff umzuwandeln. Das ist die beste Ergänzung, die man sich denken kann, und damit sind die Pflanzen als „Mitarbeiter" eigentlich sowieso schon unverzichtbar! Daneben hat jede Pflanze aber noch weitere Eigenschaften, die Sie für sich nutzen können. Was Sie brauchen, sind Pflanzen, die Sie am Arbeitsplatz nicht einschlafen lassen, andererseits auch nicht unnötig aufstacheln und nervös machen, denn Stress haben Sie auch so sicherlich schon genug. Wünschenswert wäre außerdem eine Wirkung gegen Elektrosmog, da heutzutage schon fast jeder Arbeitsplatz und jeder Haushalt mit einem Computer und anderen Elektrogeräten ausgestattet ist.

Wer Schwierigkeiten hat, seine Meinung nach außen zu vertreten, ist mit einer *Yucca* gut beraten. Sie macht uns vor, wie es geht, sich zu verteidigen und stolz und aufrecht dazustehen. Diese Pflanze sollte aber nicht in unmittelbarer Nähe zu Ihrem Schreibtisch stehen, sondern besser in einer entfernten Ecke des Raums, damit Sie nicht von ihrer starken Kraft überrollt werden.

Der *Zimmerwein* kann Bewegung in einen gleichförmigen Alltag bringen, treibt allerdings ohnehin schon hektische Menschen zu sehr an. Aber er baut auch Raumgifte ab, daher ist er als Gefährte im Arbeitszimmer durchaus wichtig.

Auch die *Birkenfeige* wirkt günstig auf zurückhaltende

Menschen, denn sie lässt sie lebhaft und energiegeladen auftreten. Wer sich allerdings bei seiner Arbeit sehr konzentrieren muss, könnte von ihr zu stark abgelenkt werden, auch sie sollte daher nicht in unmittelbarer Nähe zum Arbeitstisch stehen.

Eine im Feng Shui beliebte Pflanze ist der *Geldbaum*, der den Finanzfluss verbessern soll. Nachdem er gutmütig ist, was seine Pflege anbelangt, und auch gute Stimmung um sich herum verbreitet, ist er ein prima Begleiter durch einen ganzen Arbeitstag.

Ebenfalls einen sehr ausgleichenden Einfluss hat der *Drachenbaum*. Er versprüht Lebensfreude, regt also an, doch gleichzeitig dämpft er übertriebene Gefühle. Er ist also der perfekte Ausgleicher, gerade, wenn mehrere Menschen mit verschiedenem Temperament in einem Raum zusammenarbeiten.

Von Schadstoffen aller Art vermag die *Grünlilie* einen Raum zu befreien. Sie regt außerdem die gute Laune an und gleicht Stimmungsschwankungen aus. Einer ihrer größten Vorteile im Arbeitsbereich ist, dass sie hilft, Lösungen zu finden, wenn man sich in einem Problem festgebissen hat.

Der *Philodendron* schafft es, die Energie im Raum immer wieder zu erneuern, sowohl was die Schadstoffe betrifft als auch die geistigen Zustände. Somit ist er ein ausgezeichneter „Vorarbeiter", der immer frisch und munter wirkt und das an seine Umgebung weiterzugeben vermag.

Einer der besten Schadstoffvernichter ist der *Schwertfarn*. Zudem gleicht er aus, vermag entnervte Zeitgenossen zu beruhigen und gleichgültige Mitarbeiter wieder für ihre Tätigkeit zu interessieren.

Auch ein *Margeritenstrauch* wird gut mit Giften fertig, vor allem mit Formaldehyd. Wenn die Margerite blüht, stärkt sie die Gedankenkraft der Menschen. Wer geistig arbeitet, wird von ihr positiv angeregt.

Künstlerisch tätige Menschen werden sich von der *Zimmercalla* angezogen fühlen. Ihre auffallenden Blüten sprechen alle Sinne an und öffnen somit den Zugang zur Kreativität.

Wenn Pflanzen aus lichttechnischen, betrieblichen oder sonstigen Gründen einfach nicht möglich sind, versuchen Sie es doch einmal mit dem Foto Ihrer Lieblingsblume. Ein Foto kann zwar nicht die lebendige Gegenwart ersetzen, auf die Sauerstoffzufuhr und den Schadstoffabbau müssen Sie auch verzichten, aber die Energiewirkung der Pflanze ist sogar bei einem Bild noch zu spüren. Das ist im Grunde nicht anders wie mit dem Bild von geliebten Menschen, das Sie wie selbstverständlich auf dem Tisch stehen haben.

Auch mit einem **Stein** sind Sie gut beraten. Ein Stein kann auf fast jedem Arbeitstisch seinen Platz finden. Wenn nicht, tragen Sie ihn als Handschmeichler in der Tasche oder als Schmuckanhänger um den Hals. Wer sich zu Steinen hingezogen fühlt, sollte auf ihre Gegenwart und heilsame Wirkung nicht verzichten.

Der hellblaue *Chalzedon* beruhigt sehr aufgeregte, jähzornige Menschen, andererseits unterstützt er gehemmte, verschlossene Charaktere. Wer eine Rede halten muss oder auch nur möchte, dass seine Worte in der richtigen Weise beim Gesprächspartner ankommen, kann sich von einem Chalzedon unterstützen lassen.

Ein *Onyx* vermittelt schon durch seine schwarze Farbe Entschlossenheit und Stärke. Belastungen werden mit ihm leichter ertragen, Negatives besser abgewehrt. Außerdem wirkt er wohltuend auf die Augen, die ja heutzutage oftmals überanstrengt werden, insbesondere beim Arbeiten am Bildschirm.

Wer oft an Aufgaben und Problemen sitzt, die es zu lösen gilt, der sollte sich mit einem *Pyrit* anfreunden. Dieser goldfarbene, undurchsichtige Stein schafft es, dass wir, auch mal ganz plötzlich, einen Schritt weiterkommen, die Dinge in einem anderen Licht sehen, den erhofften Ausweg finden.

In Ihrem Arbeitszimmer zu Hause können Sie auf alle Fälle ein Duftlämpchen aufstellen, wenn Sie **Düfte** lieben. An Ihrem beruflichen Arbeitsplatz ist das vielleicht nicht möglich. Fragen können Sie Ihre Kollegen aber trotzdem. Vielleicht sind die ja bald begeisterte Anhänger Ihrer wunderbaren Düfte. Falls Sie sehr stark auf Düfte reagieren und auch unterwegs nicht darauf verzichten wollen, können Sie sich leicht behelfen: Träufeln Sie ein paar Tropfen Duftöl auf eine kleine Tonfigur oder sogar aufs Papiertaschentuch, wenn es mal ganz schnell und unauffällig sein soll.

Melissen-Öl hilft ausgezeichnet gegen Stress, und der ist an den meisten Arbeitsplätzen genug verbreitet. Melisse beruhigt und lässt den Erfordernissen wieder gelassener ins Auge sehen.

Ebenso ausgleichend wirken das *Basilikum-Öl* sowie das *Bergamotte-Öl*. Beide muntern müde Geister auf, beruhigen aggressive Mitmenschen und kräftigen die Nerven.

Wem sein Arbeitsalltag oftmals zu mühselig und düster erscheint, kann mit *Orangen-Öl* die Stimmung aufbessern. So frisch und angenehm wie dieses Öl duftet, ist es eigentlich unwiderstehlich. Freude und Gelassenheit kehren schnell wieder ein.

Geistig anregend und sehr erfrischend wirkt das *Pfefferminz-Öl*. Wer also bei seiner Arbeit frühzeitig Ermüdungserscheinungen hat, wird sich mit diesem Öl besser über Wasser halten und sich länger fit fühlen. Auch die Konzentrationskraft bleibt länger erhalten.

Ebenfalls stark gegen Erschöpfungszustände hilft das *Zirbelkiefer-Öl*. Es baut in kürzester Zeit die Lebenskräfte wieder auf und unterstützt außerdem in dem Bemühen, sich gegen negative Einwirkung der lieben Mitmenschen zu schützen.

Auch **Kerzen** sind an vielen Büroarbeitsplätzen nicht erlaubt. Wenn Sie aber zu Hause arbeiten, können Sie sich Ihre Umgebung so sinnlich und harmonisch gestalten, wie Sie nur möchten. Da kann auch Ihr Arbeitszimmer einen romantischen Touch bekommen.

Blaue Kerzen lassen Sie wunderbar geistig arbeiten, sie fördern zudem den Zugang zu spirituellen Sphären.

Wenn Sie also Eingebungen von höherer Warte für Ihre Arbeit gut gebrauchen können, dann zünden Sie zu Ihrer Arbeit öfter mal blaue Kerzen an.

Rote Kerzen aktivieren. Für langwierige Tätigkeiten, bei denen Sie schnell die Lust verlieren, die Sie anstrengen und ermüden, können rote Kerzen Sie immer wieder aufmuntern und zu neuen Taten anspornen.

Weiße Kerzen sind ein perfekter Begleiter, wenn Sie mit schwierigen Fällen betraut sind oder mit heiklen Kunden zu tun haben. Die Reinheit von weißen Kerzen fördert Ihre Entscheidungen, für jeden das Richtige zu tun und sich nicht hinters Licht führen zu lassen.

Wer die Möglichkeit hat, in seinem Arbeitszimmer zu **räuchern**, sollte sich die günstigen Wirkungen nicht entgehen lassen.

Für ein Arbeitszimmer kommt eine Räucherung mit *Tanne* infrage. Ob Sie nun das Harz der Tanne oder getrocknete Nadeln verwenden, spielt dabei keine Rolle. In der Räucherung kommt vor allem die starke Schutzfunktion dieses Baumes zur Geltung. Die Tanne kräftigt unsere Lebensgeister und lässt uns mutig die anstehenden Werke anpacken. Mit ihr sind wir gegen jegliche Unbilden des Alltags gewappnet.

Sternanis duftet frisch und sehr würzig bei Räucherungen. Es entspannt und kann Stimmungen gut ausgleichen. Wer Kummer hat und auch am Arbeitsplatz nicht abschalten kann, sollte sich mit Sternanis unterstützen lassen, wieder in seine Mitte zu kommen.

Das Baumharz *Copal Oro* wirkt belebend und schenkt einen freudigen Sinn. Sein Duft eignet sich ideal für einen schaffensfrohen Tag. Zudem unterstützt Copal Oro die Konzentrationsfähigkeit und auch die Kreativität, es entpuppt sich dadurch als fast unverzichtbarer Begleiter für einen Arbeitstag.

Sich mit **Bachblüten** bei der Arbeit unterstützen zu lassen, können Sie sowohl zu Hause als auch unauffällig in einer Firma tun.

Gorse oder Stechginster (13) baut Menschen auf, die alle Hoffnung aufgegeben haben, dass es doch noch einmal besser wird. Sie irren sich, es ist immer sinnvoll, seine Situation ändern zu wollen. Ist man in eine Tätigkeit eingebunden, die einem wirklich keine Freude macht, und sieht keinen Ausweg, da man doch den Arbeitsplatz, das Gehalt braucht, dann eröffnen sich mit *Gorse* neue Möglichkeiten, und sei es, dass man an dieser erst ungeliebten Arbeit doch noch etwas Schönes entdeckt. Oder man qualifiziert sich für eine Beförderung, oder es kommt anderweitig ein Wechsel in Sicht. *Gorse* jedenfalls stärkt den Glauben daran, dass es anders werden kann, wenn man es anders haben will. Genauso schafft man es auch, mit Gorse Probleme zu lösen, bei denen man meint, unwiderruflich festzusitzen. In der Arbeitswelt äußerst hilfreich!

Pine oder Schottische Kiefer (24) ist für Menschen gedacht, die sich müde und erschöpft fühlen durch zu viel Arbeit, die sich für alles verantwortlich fühlen, eine riesige Bürde auf ihrem Rücken spüren und dadurch in Stress geraten. Mit *Pine* können sie auch Fehler eingestehen, können lernen, diese nicht mehr als Herabsetzung ihrer Persönlichkeit zu empfinden, sondern als etwas sehr Menschliches und Natürliches. Mit *Pine* werden diese Menschen selbstbewusst, und ihre Lebensfreude nimmt zu.

Eine Besonderheit für Computerarbeitsplätze ist die **Salzkristalllampe.** Sie reichert die elektrisch aufgeladene Luft mit negativen Ionen an und vermag dadurch die Atmosphäre zu klären und zu harmonisieren.

Mit einer Umgebung, die ganz auf Sie zugeschnitten ist, bei der die Energie stimmt, brauchen Sie nicht länger über hohe Papierstapel zu stöhnen oder über unerledigte Post zu klagen. Es geht Ihnen alles etwas schneller und lockerer von der Hand. Ihre Einfälle sprudeln, Sie finden leichter zu befriedigenden Lösungen und können klare Entscheidungen treffen.

Haben Sie einen problematischen beruflichen Arbeitsplatz, ist es mit der Veränderung der Umgebung alleine zwar nicht getan, aber Sie tragen damit einen wichtigen Teil dazu bei, dass weit reichende Veränderungen überhaupt möglich werden. Sie werden sehen, wenn Sie Bedingungen schaffen, die Ihnen das Dasein erleichtern, sind Sie weitaus ausgeglichener und zufriedener. Dadurch steigen Ihre Leistungen, Sie erhalten folglich mehr Anerkennung und scheffeln Erfolge. Sie sind selbstbewusster geworden und stolz auf Ihre Arbeit. Dadurch öffnen sich ganz neue Türen. Sie befinden sich in einem neuen Kreislauf, einem, der nach oben offen ist!

Das Badezimmer – ein Tempel der Reinheit und Sinnlichkeit

„Es ist unmöglich, dass ein Mensch die Sonne schaut, ohne dass sein Angesicht hell davon würde."
(Friedrich von Bodelschwingh)

Nun ja, von einem „Tempel" ist in vielen Bädern nicht viel zu spüren. Die meisten sind schmucklose und viel zu kleine Zweckräume, die nur zu oft ein fensterloses Dasein fristen müssen. Als wäre die Reinigung des Körpers ein notwendiges Übel und nicht ein sinnlicher Genuss. Dabei findet das komplette Programm des „Schönmachens" im Bad statt – Duschen, Baden, Cremen, Rasieren, Schminken usw., all das, was in der Astrologie mit **Neptun** verbunden wird. Ein wenig lässt sich auch in einem kleinen Bad tun, um Neptun, den Planeten der Verführung, der Düfte und des Wassers, in seinem Reich zur Wirkung kommen zu lassen. Die klassische Astrologie unterscheidet übrigens ganz klar zwischen Bad und WC. Letzteres, als Ort des Loslassens, wird dem Kleinplaneten **Pluto** zugeordnet. Pluto steht für den ewigen Kampf zwischen Habenwollen und Loslassen-müssen. Und er steht für Tabuthemen – man spricht nicht darüber.

Diese Scheu hatten übrigens nicht alle Kulturen. In Ausgrabungen römischer Städte wie Leptis Magna (im heutigen Libyen) ist eine besondere Anlage zu sehen: In Form einer steinernen Bank sind reihum nebeneinander die Toiletten angeordnet – die Runde lud zu einem gemütlichen Plausch ein. Auch das Baden zelebrierten die alten Römer ausgiebig. Sie nutzten heiße Quellen und leiteten dieses Wasser in Badeanlagen, genossen Dampfbäder, Massagen, Salbungen und Ölungen.

In Mitteleuropa gingen die Badezimmer lange Zeit regelrecht unter. Selten einmal wurde der Waschzuber hervorgeholt, um darin zu baden. Das einfache Volk wusch sich noch weit häufiger als die Reichen – nicht, weil die Armen mehr Sinn für Reinlichkeit gehabt hätten, sondern weil sie sich das teure Parfum nicht leisten konnten. Damit überdeckten nämlich die wohlhabenden Gesellschaftsschichten die Körpergerüche.

Im alten China hingegen wurde der Lage und Gestaltung des Badezimmers eine sehr große Bedeutung zugemessen. Die Begriffe für „Wasser" und „Geld" sind sich im Chinesischen übrigens sehr ähnlich – das ist einer der Gründe, warum im Feng Shui so gerne Wasserbilder benutzt werden, um den Geldfluss anzuregen. Vielleicht hatten die Chinesen aber auch die Erfahrung gemacht, dass das Geld wie das Wasser ein kostbares Gut ist und beides in Bewegung bleiben muss, um nicht faulig zu werden – eine Einstellung, die einem florierenden Handel ungemein zuträglich ist. Im Feng Shui jedenfalls gelten von alters her spezielle Bedingungen für das Badezimmer: Es soll großzügig geschnitten sein und unbedingt ein Fenster nach draußen haben – also genau das Gegenteil dessen, was in unserem Wohnungsbau meist geplant wird.

Zwei nebeneinander liegende Räume zu einem zu verbinden mag bei anderen Zimmern noch angehen, beim

Bad ist es nahezu unmöglich. Die Installationen und Leitungen lassen solch einen Umbau meist nicht zu, will man nicht ein kleines Vermögen in das Vorhaben investieren.

Grämen Sie sich deshalb nicht, denn es gibt immer Möglichkeiten, mit dem Bestehenden zurechtzukommen, und zwar nicht, indem man es hinnimmt, so wie es ist, sondern man seine eigene Welt gestaltet – und sei es mit Symbolen. Natürlich würde es allen gut gefallen, ein großzügig geschnittenes Badezimmer zu haben mit Blick ins Grüne, vielleicht sogar einem kleinen Balkon. Aber was soll's: Wenn Sie nun mal ein kleines, innen liegendes Bad haben, so geben Sie dem Raum eben mit großen Spiegelflächen mehr Weite. Und leuchten Sie es gründlich aus und sparen Sie nicht mit Lampen, der Stromverbrauch ist für die kurze Benutzungszeit nicht so gravierend. Das Licht baut Ihre persönliche Energie auf.

Diese Wirkung können Sie noch verstärken: Stellen Sie sich beim nächsten Duschen vor, dass das Wasser alles von Ihnen abwäscht, was Ihnen an Negativem und Schädlichem anhaftet. Dann treten Sie heraus, stellen sich bewusst unter die Deckenleuchte oder in das Licht eines Strahlers und stellen sich vor, wie Sie mit Energie aufgeladen werden. Verbinden Sie diesen Lichtstrahl in Gedanken mit dem Himmel, mit göttlicher Energie. Das reicht für den ganzen Tag.

Weiß und _Grün_ sind ideale **Farben** für ein Badezimmer, weil beide Reinheit und Gesundheit verkörpern. Es soll Freude machen, ins Bad zu gehen, und das können

Sie mit der Farbgestaltung bewusst unterstützen. Wenn nicht beide Farben zusammen in Ihr Konzept passen, weil Sie vielleicht ganz andere Vorlieben haben, dann entscheiden Sie sich für eine von beiden. Oder gehen Sie es noch dezenter an: Entscheiden Sie sich für Pflanzen, und bringen Sie damit einen schönen Tupfer Grün ins Bad.

Ein Bad, das mit **Pflanzen** dekoriert wird, strahlt gleich mehr Lebendigkeit aus. Für innen liegende Bäder sind Pflanzen nicht gerade sinnvoll. Sie können sich jedoch eine genügsame, freundliche Pflanze suchen, die mit dem Licht einer speziellen Pflanzenleuchte zurechtkommt. Gut zureden werden sie ihr allerdings trotzdem müssen. Wenn Sie sich nicht sicher sind, fragen Sie sie. Das funktioniert mit Pflanzen genauso wie mit Steinen – lassen Sie sich einfach auf das jeweilige Wesen ein und fragen Sie, was Sie wissen möchten. In Form einer Idee oder eines Gefühls kommt die Antwort zu Ihnen. Sie können die Pflanze testweise auf einen bestimmten Platz stellen und darauf achten, welches Gefühl bei Ihnen hochkommt. Ist es Unwillen, Angst, Sehnsucht, Wohlbehagen? Entsprechend sollten Sie reagieren und die Pflanze umstellen oder dort belassen.

Bei Steinen funktioniert das genauso, auch mit ihnen kann man reden. Es ist eine einfache Zwiesprache. Als Ungeübter sollte man auf eine sehr klare Wortwahl achten, dann klappt es leichter. Je mehr wir lernen, alle Wesen als Lebewesen anzusehen und sie als solche zu behandeln, desto besser kommen wir mit unserer Umwelt klar und letztlich auch mit uns selbst. Den Respekt, den wir anderen Wesen (natürlich auch anderen Menschen) entgegenbringen, erhalten wir schließlich zurück.

Aber zurück zu den Pflanzen im Bad: Ein *Zierspargel* regt die Lebenskräfte an, ist daher beim morgendlichen Badezimmerbesuch ein erster Willkommensgruß des aktiven Tages.

Auch ein *Zimmerbambus* fühlt sich in einem Badezimmer wohl. Seine Ausstrahlung ist sanft und stark und insgesamt sehr gleichmäßig.

Wer morgens schwer in die Gänge kommt und den neuen Tag eher mit trüber Laune begrüßt, sollte sich eine *Hortensie* ins Bad stellen. Diese Pflanze mit ihren kräftig bunten Blüten führt von einer schlechten Stimmung zu Unternehmungen, die Spaß machen und Lebensfreude verbreiten.

Auch die *Schirmpalme* unterstützt eine positive Denkweise. Sie regt den Gedanken in uns an, dass sich Durchhalten lohnt und vorzeitiges Aufgeben nur depressiv macht.

Steine im Badezimmer sind nicht nur eine hübsche Dekoration, sie bringen auch eine besonders feine Schwingung in diesen Tempel der Reinigung.

Heiterkeit, Ruhe und Freude vermittelt ein *Aventurin*, ein grüner, von innen glitzernder Stein. Wer also morgens oftmals mit schlechter Laune den Tag beginnt, kann sich von diesem Stein helfen lassen, dem Leben gleich etwas freundlicher zu begegnen.

Der *Bergkristall* verkörpert die Reinheit – was könnte besser zum Badezimmer passen! Zudem schafft er es, seine Umgebung in Harmonie zu tauchen und die Kreativität anzuregen. Gerade wenn Sie ein innen liegendes Bad haben, können Sie jeden zusätzlichen Lichtfunken gebrauchen. Lassen Sie dann eine ganze Bergkristallgruppe im Licht glitzern.

Ein Duftlämpchen im Badezimmer erweist sich meist als unpraktisch, außer man möchte sich mit dem **Duft** während eines Wannenbads verwöhnen. Dann kann man aber noch besser das Duftöl mit etwas Sahne oder Honig vermischen und direkt in die Wanne geben. Die Eigenschaften des Öls werden dann nicht nur über den Geruch, sondern auch noch über die Haut aufgenommen.

Besonders gut entspannen lässt uns das *Neroli-Öl*, das aus den Blüten der Bitterorange gewonnen wird. Es gleicht Stimmungsschwankungen aus und macht die Seele licht und leicht.

Wer oft zu abgehoben ist und schlecht den Kontakt zur Erde findet, sollte sich mit dem *Vetiver-Öl* anfreunden. Dieses Öl wird aus den Wurzeln des Süßgrases gewonnen. Es schafft wieder Boden unter die Füße, baut die Körperkräfte auf und entspannt die Seele.

Luxuriös, erotisch und unbeschreiblich weiblich wirkt das *Ylang-Ylang-Öl*. Es ist allerdings ein etwas schwerer Duft, der daher vorsichtig dosiert werden muss. Doch für ein sinnliches Badevergnügen kann es genau das Richtige sein.

Ebenfalls sehr beruhigend, und noch dazu keimtötend, wirkt das *Zedernholz-Öl*. Es verleiht Mut und Stärke und lässt zuversichtlich auf Neues zugehen. Ein ausgezeichnetes Öl für ein Bad am Morgen.

Bei einem stimmungsvollen Wannenbad ist es außerdem schön, einige **Kerzen** anzuzünden. Sie verleihen dem Badezimmer eine besonders wohlige Ausstrahlung. *Weiße Kerzen* lassen die Reinheit, die Sie durch ein Bad erreichen wollen, noch stärker wirken. Nicht nur körperliche Reinheit, auch seelisch-geistige Reinheit können Sie damit erreichen.

Mit *grünen Kerzen* holen Sie sich die Frische der Natur ins Bad. Sie schenken Ihnen Gesundheit und Ausgeglichenheit.

Im Bad lässt sich außerdem hervorragend **räuchern**, da auf viele Menschen der Rauch, gemischt mit der Feuchtigkeit der Badluft, angenehmer wirkt als in einem trockenen Raum. Für die morgendliche Zweckdusche ist das Räuchern zwar viel zu aufwändig, doch wenn Sie Ihr Wannenbad einmal besonders stimmungsvoll zelebrieren wollen, zünden Sie nebenbei ein paar Räucherstoffe an.

Eine harmonische Stimmung wird perfekt von der *Tonkabohne* untermalt. Sie können mit einer kleinen Reibe kleine Stückchen davon abschaben und diese direkt auf die Räucherkohle geben. Der süße Duft der Tonkabohne hilft, sich zu entspannen, alles Belastende loszulassen und sich einfach nur dem Genuss hinzugeben.

Jasminblüten in der Räuchermischung stehen für Liebe und Erotik, für eine Atmosphäre voller Hingabe und Wohlgefühl. Wobei es bei den Jasminblüten weniger auf den Duft ankommt als auf die grundlegenden Eigenschaften, die dieser Pflanze zugeschrieben werden.

Bachblüten für das Bad? Aber ja, auch die Qualität dieses Raums können Sie mit einer Blütenessenz stärken.

Crab Apple oder Holzapfel (10) ist die perfekte Blüte für das Badezimmer, denn sie steht für Reinigung. Manche Menschen fühlen sich trotz vielen Waschens nie richtig sauber. Sie haben vermutlich eine sehr empfindsame Seele und spüren, dass hässliche Gedanken einen Menschen ebenso beschmutzen können wie Straßenschmutz, sie wissen intuitiv, dass Reinheit auch im seelisch-geistigen Bereich geschehen muss und nicht auf die körperliche Ebene beschränkt bleiben darf. Die Folge ist oft ein Wasch- oder Putzzwang und eine übersteigerte Angst vor Insekten oder auch vor Ansteckung, wenn jemand krank ist. Eine gute Hilfe sind hier meditative Reinigungsübungen. Doch auch mit *Crab Apple* lässt sich eine gesunde Einstellung zu Schmutz und Reinheit finden. Die Ängste verschwinden, und man ist in der Lage, auch mal Fünfe gerade sein zu lassen und fürchtet nicht hinter jeder Bemerkung, hinter jeder Krankheit, hinter jeder Spinne einen Angriff auf die eigene Person. Man stärkt den Glauben an sich, dass man mit Schmutz in jeder Form gut fertig wird, und wird lockerer und großzügiger.

Stellen Sie sich einen Zerstäuber mit Wasser bereit und geben Sie ein paar Tropfen *Crab Apple* hinzu. Nach der direkten körperlichen Reinigung können Sie diese Mischung in Ihre Aura sprühen. Es ist geruchsneutral, Sie kommen also nicht in Konflikt mit Ihrem Lieblingsduft, aber Sie tun nach der Dusche noch ein Übriges, um Ihre Aura zu reinigen.

Sich die energetische Reinigung anzugewöhnen, macht Sinn. Denn wer ständig um eine saubere Aura bemüht ist, sammelt gar nicht erst so viel Müll an, dass er davon schwer belastet würde. Tägliches Duschen oder Baden ist für uns selbstverständlich geworden. Wir warten ja auch nicht, bis wir über beide Ohren verschmutzt sind, um uns endlich eine Waschung zu gönnen. Die Aurareinigung könnte eines Tages ebenso selbstverständlich werden. Das ist übrigens keine neue Erfindung. In früherer Zeit haben die täglichen Gebete dazu beigetragen, sich von den vielen negativen Gedanken und Gefühle zu reinigen oder gar nicht erst so viele an sich heranzulassen. Greifen Sie die Idee auf und machen Sie Ihr Bad zu einem Ort der körperlichen, geistigen und seelischen Reinigung!

Wünsche – träumen Sie nicht länger davon, erfüllen Sie sich welche!

„Nutze die Talente, die du hast.
Die Wälder wären sehr still,
wenn nur die begabtesten Vögel sängen."
(Henry van Dyke)

Bestimmt fallen Ihnen auf Anhieb ein paar Punkte in Ihrem Leben ein, für die Sie sich eine Weiterentwicklung, eine Verbesserung wünschen. Ist es die Partnerschaft? Die Familie, die Beziehung zu Eltern und Kindern? Sind es gute Freunde, nach denen Sie sich sehnen? Oder Geld und Gut? Erfolg und Anerkennung? Wünschen Sie sich Gesundheit und Lebensfreude? Oder einfach mehr Glück im Leben?

Unsere Fähigkeit, uns etwas wünschen zu können, ist im Grunde genial. Denn die Fantasiegebilde der Wünsche sind die Vorstufe von konkreten Zielen. Erst taucht ganz vage ein Bedürfnis auf, dann entsteht eine Idee, wie es zu befriedigen sein könnte, man wird kreativ, malt sich die Erfüllung erfindungsreich aus und kann damit schließlich die Umsetzung seiner Vorstellungen erreichen. Eine unglaublich starke Antriebskraft in unserer Entwicklungsgeschichte.

In jedem Menschen wohnt die Sehnsucht nach besseren Lebensbedingungen. Normalerweise hofft und wünscht man aber so in den Tag hinein, zerfleddert sich, will heute dieses, morgen jenes und übermorgen wieder etwas anderes. Mehr Kraft verleihen wir unseren Wünschen, wenn wir sie auf den Punkt bringen, sie also exakt formulieren. Sie aufschreiben, aussprechen, wiederholen, durch Bilder und Symbole bekräftigen und schließlich voller Vertrauen nach oben, ans Universum, an die göttliche Kraft abgeben.

Bleiben Sie nicht im Gefühl der Sehnsucht haften, sondern stellen Sie sich bereits die Erfüllung Ihrer Wünsche vor, spüren Sie tief hinein, lassen Sie Ihre Fantasie spielen: Wenn Sie etwa den starken Wunsch hegen, in einem Haus mit Garten zu wohnen, so stellen Sie sich lebhaft vor, wie sehr Sie Ihren Besitz genießen und pflegen, wie Sie sich um die Blumen und Bäume kümmern, die Atmosphäre Ihres Hauses aufbauen und Ihr Anwesen in Schönheit erstrahlen lassen. Beim Wunsch nach Partnerschaft und Familie lassen Sie ein Bild vor Ihrem geistigen Auge wach werden, das Ihnen ein lebendiges, fröhliches, von Liebe und Zuneigung getragenes Zusammenleben zeigt – eben ganz so, wie Sie es sich erträumen.

Malen Sie sich die Erfüllung Ihrer Wünsche also in Ihrer Vorstellung so farbig wie möglich aus. Allerdings sollten Sie sich dabei nicht überfordern. Fangen Sie nicht in jedem Lebensbereich ein bisschen an, sondern suchen Sie sich Ihre Favoriten. Mehr als zwei, maximal drei Wünsche auf einmal sollten Sie nicht angehen, denn die Gefahr besteht, dass Sie dann den Überblick verlieren und die Symbole, die Sie zur Erfüllung Ihrer Wünsche einsetzen, zur bloßen Dekoration verkommen. Bleiben Sie bei wenigen, überschaubaren Baustellen. Vergessen Sie auch nicht, dass „Bekommen" untrennbar mit „Geben" verknüpft ist, sie bedingen einander. Beides ist wichtig, das Geben und das Nehmen, um einen Kreislauf zu erzeugen. Fixieren Sie sich also nicht nur auf das Bekommen, sondern schauen Sie immer bei sich nach, ob Sie diese Qualität, die Sie sich so dringend wünschen, auch selbst bereit sind zu geben.

Dreh- und Angelpunkt des Lebens ist immer die *Gesundheit*. Vielleicht wird der Bereich „Gesundheit" im chinesischen Feng Shui auch aus diesem Grund dem Zentrum des Hauses zugeordnet. Alle anderen Lebensbereiche gruppieren sich außen herum. Eine ständige und schöne Erinnerung an das Thema „Gesundheit" schenken grüne und blühende Pflanzen, auch mal ein frischer Blumenstrauß oder einige Kräutertöpfchen. Denn grüne oder blühende Pflanzen erinnern unwillkürlich an die Lebenskraft, die Sie ausstrahlen wollen. Günstig für den Aufbau von frischer Energie erweist sich auch ein Zimmerspringbrunnen, das sprudelnde Wasser wirkt einfach lebendig. Nicht zu vergessen das Licht. Denn durch Licht verstärken Sie immer Ihre gewählte Symbolik.

Gleich nach einer guten Gesundheit wird eine glückliche *Partnerschaft* genannt, fragt man die Menschen nach ihren Wünschen. Einen Partner zu finden ist das eine, die Partnerschaft lebendig zu halten, das andere. Beides ist wichtig, und beides lässt sich unterstützen. Schauen Sie sich in Ihrem Zuhause um: Schmückt Ihre Wand das Bild eines einsamen Wanderers? Oder das eines Ninja-Kämpfers? Tauschen Sie es unbedingt gegen ein verliebtes, glücklich lachendes Pärchen aus. Oder zumindest durch ein Bild aus der Natur, das Harmonie ausstrahlt. Die Energie, die Sie täglich durch das Motiv eines Bildes empfangen, sollten Sie nicht unterschätzen.

Passende Symbole, um Liebe und romantische Gefühle anzuregen, sind alle, die Weichheit, Wärme und Geborgenheit ausstrahlen. Viele Kissen etwa oder gedämpftes Licht. Sparen Sie nicht mit Herzen, die gibt es in allen Varianten. Vermeiden Sie düstere Farben, wählen Sie freundliche Töne, je nach Geschmack eher Rosa, wenn Sie Zärtlichkeit suchen, oder kräftiges Rot, wenn Sie sich mehr Erotik wünschen. Aktivierende Symbole sind hierfür gefragt. Sie dürfen dabei ruhig auch ein wenig übertreiben: Verhüllen Sie Ihre Stehleuchte mit roter Fransenseide, beziehen Sie Kissen mit Samt und Seide, besorgen Sie sich Decken mit Raubtiermuster. Versprühen Sie schweres Parfum, so viel Sie eben gerade noch vertragen. Und zünden Sie zwei rote Kerzen an – Rot ist immerhin die Farbe der Liebe!

Achten Sie bei allen Partnerschaftswünschen auf die paarweise Symbolik. Sie wollen schließlich kein Solitär bleiben.

Auch eine Pflanze ist ein schönes Symbol, zeigt sie doch, dass Ihre Partnerschaft spannend und lebendig bleiben und Ihre Liebe wachsen soll. Sehr gut eignen sich

Pflanzen mit runden, weichen Blättern, weniger die ganz anfälligen, mimosenhaften, auch nicht die mit den aggressiven, spitzen Blättern, schon gar nicht Kakteen. Gut ist es, wenn Sie auch hier zwei gleiche Pflanzen wählen oder zumindest zwei, die gut zueinander passen.

Die traditionelle Blume der Liebe ist natürlich die Rose. Die Zärtlichkeit verstärken Zimmerlinde, Alpenveilchen und, durch seine herzförmigen Blätter, das Usambaraveilchen. Erotisierend wirken Orchideen, Kamelien, Granatäpfel und auch Jasmin. Immer geeignet ist, wegen seiner gleichmäßigen Energie, der Zimmerbambus. Er wird vor allem im traditionellen Feng Shui bevorzugt.

Sind Sie in Ihrem Leben mit Zärtlichkeit ausreichend versorgt, wünschen Sie sich von Ihrem Partner aber mehr gemeinsame Unternehmungen, so gestalten Sie den Bereich anders: Heften Sie zwei Kinokarten an die Wand, legen Sie den Veranstaltungskalender auf, die Anzeige eines Fitnessstudios, das Foto von Radlern oder Ruderern, was immer Sie wollen.

Möchten Sie eine bestehende Partnerschaft neu beleben, stellen Sie ein Foto auf, auf dem Sie und Ihr Partner gemeinsam abgebildet sind. Suchen Sie sich eine Situation, in der Sie beide sehr glücklich waren. Die Fotos des Verflossenen aber sollten Sie unbedingt aus Ihrem Sichtfeld entfernen, auch dann, wenn Sie sich freundschaftlich getrennt haben.

Wünschen Sie sich nicht nur einen Partner, sondern eine ganze *Familie*? Kinder und Großeltern? Dann sollten Sie entsprechende Fotos und Bilder aussuchen, um sich dieses Ziel ständig vor Augen zu führen. In der Astrologie steht der Mond für Gefühle und für Kinder – wie wäre es mit einem Mondbild, einem Mondanhänger oder einer Mondsichel zum Aufhängen? Auch Kinderspielzeug und bunte Wimpel machen Spaß und helfen, die Energie von Kindern anzuziehen. Söhnen Sie sich außerdem mit Ihrer eigenen Herkunftsfamilie aus. Sie werden sehen, Frieden mit den Vorfahren zu schließen, befreit die Seele. Sie haben sie dann als stützende Ahnenreihe hinter sich und können diese Kraft an Ihre Nachkommen weitergeben.

Neben der Familie sind aber auch die Freunde wichtig. Wir sind schließlich als Gemeinschaft auf der Welt und sollen dies auch leben. Wenn Sie Ihren *Freundeskreis* erweitern möchten, bauen Sie Ihre Hilfsbereitschaft aus. Lernen Sie aber auch, Unterstützung anzunehmen. Werden Sie sich also erst darüber klar, was „helfen" für Sie persönlich bedeutet, und versuchen Sie, ein hierzu passendes Symbol zu finden. Das kann das Bild zweier Menschen sein, auf dem der eine den anderen stützt. Das können zwei oder mehrere Hände sein, die sich vertrauensvoll ineinander legen. Auch das Bild einer fröhlichen Gruppe von Menschen, die sich zum Beispiel an den Händen halten, kann Sie darin bestärken. Besonders deutlich wird das Helfen dargestellt durch Engelbilder oder -figuren, unsere allgegenwärtigen Helfer aus dem geistig-spirituellen Bereich.

Ebenso können Sie die Elementarwesen anrufen und Figuren von Elfen, Feen oder Zwergen aufstellen. Auch sie wirken günstig auf das Gemeinschaftsleben.

Sind die mitmenschlichen Beziehungen erst einmal geregelt, ist als Nächstes ein guter und befriedigender Arbeitsplatz wichtig. Man möchte seine Fähigkeiten verwirklichen können, sucht nach *Erfolg* und *Anerkennung*, auch in finanzieller Hinsicht. Wer möchte nicht ausreichend Mittel zur Verfügung haben, um frei und ohne Belastungen oder Existenzsorgen leben zu können? Zu erkennen, dass *Reichtum* und *Glück* nicht nur aus finanziellen Zuwendungen bestehen muss, ist Voraussetzung für den Erfolg der Maßnahmen. Dann suchen Sie sich Symbole, die Reichtum und Fülle ausstrahlen. Wenn Ihnen ein Foto von bloßen Banknoten zu geschmacklos erscheint, wählen Sie das Bild eines Füllhorns oder einer Villa im Park. Ein üppig dekorierter Obstkorb oder gut gedeihende Pflanzen können Ihnen ebenfalls die Fülle bewusst machen. Auch eine Schale mit Münzen passt. Die Schale darf sich füllen: Sie können immer wieder neue Münzen dazulegen, um den zunehmenden Reichtum sichtbar zu machen. In der chinesischen Tradition wird ein Zimmerspringbrunnen bevorzugt, um die Geldquelle anzuregen.

Damit das eigene Ansehen steigt, der Erfolg der Bemühungen sichtbar wird und die Anstrengungen Früchte tragen, sollten Sie dazu rote Kerzen anzünden. Um die *Anerkennung* von außen zu bekommen, ist es aber wichtig, erst einmal sich selbst ernst zu nehmen. Wenn Sie Zögerlichkeit und Unsicherheit ausstrahlen, was glauben Sie wohl, was Ihnen die anderen widerspiegeln? Lächeln Sie sich selbst an, und wenn es jeden Morgen im Spiegel ist. Sagen Sie sich, dass Sie es gut finden, was Sie tun. Sie können auch ganz konkret vorgehen und Urkunden oder Pokale aufstellen, die Sie einst erworben haben und die vielleicht schon lange in einem Schrank verstauben. Zeigen Sie, dass Sie stolz sind auf Ihre Leistungen, und lassen Sie sich davon zu noch mehr inspirieren!

Scheitern Ihre Bemühungen, weil Sie immer wieder mit Ihren Vorgesetzten im Clinch liegen, dann setzen Sie sich mit dem Thema „Autoritäten" auseinander. Hilfreich sind hierbei Bilder von Menschen, die Ihnen wirklich als Vorbild dienen. Vielleicht ist es ein Star, ein Dichter, ein genialer Musiker, ein Forscher oder ein Yogi, eben jemand, den Sie bewundern, der sich in einem Bereich weiter entwickelt hat als die Masse, als Sie selbst. Dann stellen Sie dessen Bild auf oder rahmen einen Auszug aus seinen Werken. Lassen Sie sich von Größerem inspirieren!

Füllen Sie eine Vase mit herrlichen Sonnenblumen. Auch dies ist ein Weg, wirkliche Autoritäten anzuerkennen und zu lernen, damit umzugehen. Mit der Zeit werden Sie dadurch auch selbst zusehends als Autorität auftreten können und von anderen den entsprechenden Respekt erhalten.

Haben Sie das Gefühl, dass Ihre *Karriere* blockiert ist, können Sie dem durch einen Brunnen oder einem Mobile beikommen. Mit den Elementen Wasser, symbolisiert durch den Brunnen, und Luft, symbolisiert durch das Mobile, bringen Sie sehr schnell etwas in Bewegung. Ferner eignet sich das Bild eines Weges. Überlegen Sie: Soll Ihr Lebensweg ein breiter, ruhiger Strom sein, eine gut gangbare Straße, die sich durch sanfte Hügel schlängelt, oder lieber ein steiler Pfad, der ganz nach oben führt?

Haben Sie dagegen das Gefühl, dass Ihre Arbeit und vielleicht sogar Ihr ganzes Leben zu eintönig und grau ist, dass ihre *Kreativität* brach liegt, dann sollten Sie Kontakt zu Kindern suchen. Kinder sind von Haus aus kreativ, sie sind der urspünglichste und stärkste Ausdruck unserer Schöpferkraft. Weiter sollten Sie sich mit kleinen Spielereien und allerlei Schnickschnack umgeben, der zeigt, dass das Leben nicht todernst ist, sondern es auch immer etwas zum Lachen gibt. Besorgen Sie sich etwas, das leicht und fröhlich wirkt, das beweglich ist. Ein Windspiel mit hellem Klang wäre günstig. Auch bewegliche Objekte, wie etwa ein Mobile, sind passend.

Kreativ, das ist natürlich auch alles, was wächst, was im Werden begriffen ist. Dazu zählen vor allem Pflanzen, besonders die üppigen, wuchernden Grünpflanzen, und dann natürlich Blumen und Blüten in allen Variationen. Blumen, locker in eine Vase gestellt, regen schon die Kreativität an. Lassen Sie herabfallende, verwelkende Blütenblätter in diesem Fall ruhig auch einmal liegen, sie zeigen schließlich den gesamten Kreislauf von Werden und Vergehen, denn Kreativität ist immer etwas Dynamisches, nie etwas Statisches. Verwirklichen Sie Ihre persönlichen Ideen für eine fantasievolle Gestaltung und lassen Sie die Kreativität wieder Einzug halten in Ihr Leben!

Auf keinen Fall vergessen sollten Sie Ihr Inneres. Jeder Mensch besitzt eine Art inneres Wissen, eine *innere Stimme*, die ihm sagt, was für ihn richtig und gut ist, die ihn auch vor Gefahren warnt. Oft ist diese Stimme verschüttet, denn in unserer gewohnten Hektik bleibt wenig Zeit für sich selbst. Hilfsmittel zur Belebung dieses Bereichs sind Kristalle, Steine, Kerzen oder auch ein Altar. Hier können Sie alles aufbauen, was Ihnen wichtig und wert ist, vor allem natürlich religiöse Symbole. Es sollten keine Menschen sein, die Sie bewundern, sondern höhere Wesen, denn Sie wollen mit der Entwicklung der Spiritualität ja menschliche Zwänge überwinden und eine höhere Ebene erreichen.

Sammlung erreichen Sie am ehesten, wenn Sie die Umgebung so ruhig wie möglich gestalten, also wenig ablenkende Gegenstände hier einbringen. Verwenden Sie das Bild eines besonderen Berges, der vielleicht sogar als heiliger Berg gilt. Ein großer Stein, hier aufgestellt, vermittelt Ruhe und Festigkeit. Wunderbar eignet sich natürlich auch ein Mandala, das Sie sogar selbst malen können (das wäre auch schon eine schöne Meditationsübung). Das Betrachten eines Mandalas hilft, die Gedanken zu sammeln. Wollen Sie hier Bücher platzieren, so wählen

Sie nur solche, die Ihnen Anregungen geben, den Zugang nach innen zu finden.

Jeder Mensch hat andere Antennen. Der eine findet den Zugang zu dem göttlichen Wesen in seinem Inneren, indem er die Augen schließt und einfach der Ruhe in sich selbst lauscht, der andere will sanfte Klänge hören, um den Abstand zum Alltag zu beschleunigen, oder er lässt sich mit einem konzentrationsfördernden Duft einhüllen. Ein anderer mag es, in die Flamme einer Kerze zu schauen. Wieder ein anderer betrachtet lieber ein Bild oder eine Blume. Manch einer setzt sich ruhig hin, etwa in einer Yoga-Stellung, und schweigt. Der nächste reagiert stark auf Worte und sagt sich ein Gebet, immer denselben Satz oder nur ein bestimmtes Wort vor. Vielleicht hält er dabei einen Gegenstand in der Hand, wie in unserer Kultur den Rosenkranz oder im Osten die Gebetskette. Probieren Sie verschiedene Wege aus und lassen Sie sich von Ihrem Gefühl leiten. Sie werden die Tür finden. Auch wenn sie verborgen ist, sie ist da. Den Schlüssel dazu haben Sie!

Bei allen Wünschen gilt: Wählen Sie ein Symbol, das in Ihnen das stärkste Gefühl auslöst. Nehmen Sie mehrere Symbole, wenn Sie sich nicht für eines entscheiden können. Und suchen Sie sich dafür einen Platz, an dem Sie es jeden Tag sehen und somit immer mehr verinnerlichen können. Eines gilt für alle: Licht wirkt immer erhellend. Bestrahlen Sie Ihr gewähltes Symbol mit Licht oder zünden Sie davor eine Kerze an, so gewinnen Sie eine zusätzliche Schubkraft zur Erfüllung Ihrer Wünsche.

Bringen Sie Ihre Umgebung in Ordnung – und damit Ihr Leben

„Ein Schiff ist im Hafen sicherer.
Aber dafür wurde es nicht gebaut."
(Paolo Coelho)

Die oberste Maxime bei allem, was Sie tun, sollte sein: Es soll Ihnen Freude machen. Laden Sie sich nicht neue Belastungen auf. Setzen Sie sich das Ziel, Ihr Leben so zu gestalten, wie es Ihnen gefällt: einfacher, schöner, reicher... und behalten Sie Ihr Ziel im Auge. Lassen Sie sich dabei Zeit. Zu viel auf einmal kann niemand verarbeiten, auch ein gut geschultes Unterbewusstsein nicht. Genießen Sie es, die schrittweisen Veränderungen zu spüren, und freuen Sie sich auch an kleinen Erfolgen.

Selbst wenn es an allen Ecken und Enden hakt – machen Sie sich eine Prioritätenliste. Es spielt dabei keine Rolle, welches Thema Sie zuerst bearbeiten. Sie können bei dem Punkt anfangen, der Sie am meisten quält, oder Sie können sich erst einmal ein harmloses Thema herausgreifen. Jede Veränderung führt Sie zu Ihrer Mitte, macht Sie stärker und lässt Sie schließlich alles angehen, auch die schwierigsten Reizthemen und bislang vernachlässigte Randbereiche.

Schauen Sie sich jeden Bereich Ihres Hauses genau an. Nichts ist Zufall, das wissen Sie. Also nehmen Sie sich auch der Nebenräume an. Ein vernachlässigter Abstellraum, der als Sammelstelle für Spinnweben dient, oder ein Schrank, der jahrelang nicht entrümpelt wurde, haben in Ihrer Wohnung nichts mehr zu suchen. Vielleicht haben Sie sich jahrelang mit einer schwachen Beleuchtung zufrieden gegeben, mit kaputten Glühbirnen gelebt oder sich mit beschädigten und zerbrochenen Gegenständen abgefunden. Dies alles hat die Botschaft ausgestrahlt: „Zerstörung, Düsternis, Mangel, Unwert".

Das ist nun vorbei!

Indem Sie Ihre Umgebung in Ordnung halten, bauen Sie sich eine neue Welt auf. Bringen Sie nach und nach jeden Teil Ihres Zuhauses zum Strahlen, und damit jeden Bereich Ihres Lebens. Senden Sie dadurch eine neue Botschaft aus:

„Gesundheit, Licht, Fülle, Wert".

Patricia Monaghan
Mein magischer Garten
240 Seiten, A5, gebunden
ISBN 978-3-934254-15-2

Magische Gärten zeigt Ihnen, wie Sie einen kleinen unscheinba-
ren Acker in einen magischen Garten verwandeln können und
macht Sie nicht nur mit den praktischen Aspekten, sondern auch
mit dem Mythos des Gärtnerns vertraut; verrät Ihnen Tipps zur
Pflege des Bodens; bringt Gartenrituale und Zeremonien; Meditationen für die vier Jahreszeiten und die „alten Wege", hilft Ihnen,
Ihren Garten zu weihen; veranschaulicht Pflanzen-Archetypen
und –devas; lässt Sie den spirituellen Gewinn der Gartenarbeit entdecken; und enthüllt
Ihnen schließlich sechzehn phantasievolle Gartenpläne, mit denen Sie den Garten Ihrer
Träume schaffen können. Ein wichtiger Beitrag zu der Art und Weise, wie wir mit unse-
rer Mutter Erde umgehen.

Scott Cunningham
Magie in der Küche
Mit Liebe kochen
352 Seiten, gebunden, mit Leseband,
ISBN 978-3-926374-36-3

Scott Cunningham beschreibt sehr anschaulich, wie man mit lie-
bevollem Kochen positive Energie in die Nahrung gibt und diese
Energien im positiven Sinne für sich nutzen und somit sein Leben
neu entdecken und gezielt verbessern kann.
Er verrät uns Rezepte und Zaubersprüche, und lässt uns an dem
uralten Wissen der Völker über die Magie der Nahrung teilhaben
und öffnet so den Weg zu einem spirituellen Umgang mit der Nahrung und einem neuen
Bewusst-Sein in der Küche. Für jeden ist es ein Unterschied, ob er/sie den Teig mit Wut
im Bauch oder mit liebevollen Gedanken zubereitet, und so ist jeder in der Küche ein
„Magier". Mit zahlreichen Rezepten für Glück, Liebe und Gesundheit.

Hanne Reinhardt
Wunderwerk Mensch - Engel des Lichts
256 Seiten, A5, broschiert
ISBN 978-3-938489-42-0

Wer oder was ist der Mensch?
Sind wir wirklich nur auf der Welt, um zu arbeiten, zu essen, zu
streiten oder zu lieben? Oder verbirgt sich hinter der Fassade
Mensch etwas so Großartiges, dass es uns den Atem verschlägt,
wenn wir es erfahren?
Die Autorin, selbst ein Channelmedium der Geistigen Welt, ver-
mittelt behutsam eine völlig neue Sichtweise des Menschseins
mit all seinen Aspekten und zeigt auf, dass alles, auch der Mensch, reine Energie ist.
Zahlreiche neue Sichtweisen und Hilfen werden angeboten, wie man sich die Energien
zunutze machen kann.
Ebenso werden die Gesetzmäßigkeiten zwischen Himmel und Erde ausführlich erklärt.
Am Ende wird allen eine ungemein tröstliche Botschaft zuteil.